Ab 7. Schuljahr

Friedhelm Heitmann

Geschichte Preußens

Klar strukturierte Arbeitsblätter für einen informativen Überblick

www.kohlverlag.de

Geschichte Preußens

Klar strukturierte Arbeitsblätter für einen informativen Überblick

1. Auflage 2024

Inhalt: Friedhelm Heitmann
Umschlagbild: © David Liuzzo - wikimedia.org
Redaktion: Kohl-Verlag
Grafik & Satz: Kohl-Verlag
Druck: farbo prepress GmbH, Köln

Bestell-Nr. 13 039

ISBN: 978-3-98841-078-8

Bildquellen: © AdobeStock.com:

S.2: Africa Studio; S. 4: Yaroslav; S. 5: S. Bollmann; S. 15: Mike Mareen; S. 16: Archivist; S. 36: kameraauge; S. 41; S. 42: annaartday; S. 46: fabianodp; S. 62: sunt; S. 63: Asif; S. 68: mojo_cp;

Bildquellen © wikimedia.org:

S. 6-11; S. 13; S. 15; S. 17: D.j.mueller; S. 18-26; S. 28-29: Hans-Detlef; S, 31: ziegelbrenner; S. 32-33; S. 36-38: frei + David Liuzzo; S. 39: frei + Hugo Gerhard Ströhl + Lupus in Saxonia; S. 41; S. 43-44: ziegelbrenner; S. 45: frei + NobbiP; S. 46: David Liuzzo; S. 47-51: frei + Richard Huber; S. 53-55: Matthias Küch; S. 56: Furfur; S. 57: Atom3,141lz; S. 59-60; S. 62: 52 Pickup; S. 63: frei + David Liuzzo + Reinhard Kraasch; S. 66; S. 67: frei + Oliver Holzbauer + Marjaliisa; S. 69-70;

Inhalt

Seite

Vorwort

Liebe Kolleginnen, liebe Kollegen,

wer die deutsche Geschichte der letzten Jahrhunderte betrachtet, kommt nicht an Preußen vorbei, denn Preußen ist wesentlich daran beteiligt. Hingewiesen sei an dieser Stelle vorweg als Beispiel auf die führende Rolle Preußens bei der Gründung des Deutschen Kaiserreiches 1870/1871.

Der vorliegende Band befasst sich mit der Geschichte Preußens. Die Betrachtung und Darstellung Preußens erfolgen in diesem Werk nicht in (allen) Einzelheiten, sondern in wesentlichen Entwicklungen. Die Darstellung liefert einen Längsschnitt durch die Historie Preußens.

Dargeboten werden im Band diverse Informations- und Arbeitsmaterialien. Die Informationsblätter bieten (ganz bewusst) relativ kurze, allgemeinverständliche Texte. Zu den Texten gibt es abwechslungsreiche Arbeitsaufgaben auf unterschiedlichem Leistungsniveau. Gefragt wird u. a. nach den Meinungen der Schüler zu Ereignissen sowie Entwicklungen. Vorgesehen ist der Band in erster Linie für den Einsatz in höheren Klassenstufen der Sekundarstufe I.

Sollten sich in den präsentierten Band etwaige Fehler eingeschlichen haben, so bedanken wir uns an dieser Stelle für Hinweise darauf, ebenso für sonstige Verbesserungsvorschläge zum Werk. Möge das Werk dazu beitragen, Heranwachsenden mehr historische Kenntnisse und Erkenntnisse zu vermitteln.

Viele Erfolge bei der Verwendung der Materialien im Unterricht wünschen der Kohl-Verlag und

Friedhelm Heitmann

* *Aufgrund der besseren Lesbarkeit wird im Folgenden die männliche Form Schüler bzw. Lehrer verwendet. Gemeint sind damit selbstverständlich auch die weiblichen Personen.*

Zur Entstehung der Bezeichnung „Preußen“

Die Bezeichnung Preußen ist abgeleitet vom Namen des Volkes Pruzzen (auch genannt Prußen) – ein Volk, das zu den baltischen Völkern gezählt wird. (Balten ≈ Völker im Nordosten Europas, ansässig an der Ostsee, die auch Baltisches Meer heißt).

Sich selbst sollen die Pruzzen angeblich als „Prusai“ bezeichnet haben. Die Pruzzen lebten im Mittelalter in verschiedenen Stämmen in etwa im Gebiet zwischen dem unteren Verlauf der Flüsse Weichsel und Memel. Durch die Führung der katholischen Kirche mit der Missionierung beauftragt, zwang der Deutsche Orden (= Deutscher Ritterorden) mit seinen Gefolgsleuten die heidnischen Pruzzen, den katholischen christlichen Glauben anzunehmen. Dies gelang dem Deutschen Orden nach zähen Kämpfen gegen die Pruzzen im Verlauf des 13. Jahrhunderts.

Deutscher Orden nach 1466

Durch den Deutschen Orden entstand in Nordosteuropa der Deutsche Ordensstaat (= Staat des Deutschen Ordens). Dieser Staat bestand formal von 1230-1561. Der Deutsche Ordensstaat reichte von Gebieten westlich der Weichsel bis hin nach Estland und umfasste vorübergehend eine Fläche von ca. 180.000 km² (vgl. die Karte).

Der Deutsche Ordensstaat warb deutsche Siedler aus dem Westen an. Diese ließen sich in Gebieten des Deutschen Ordensstaates nieder. Im Laufe der Zeit kam es zu Vermischungen der Neusiedler mit der bereits ansässigen Bevölkerung. Aus dem Namen Pruzzen wurde Preußen. Für Preußen wurde (später) auch bisweilen der neulateinische Begriff „Borussia“ gebraucht.

Zur Entstehung der Bezeichnung „Preußen“

Im 15. Jahrhundert unterlagen Heere des Deutschen Ordens in Kämpfen gegen das Königreich Polen sowie das Großfürstentum Litauen, die miteinander verbündet waren und zwischen denen bereits seit 1386 eine Personalunion bestand. Die Folgen der Kämpfe waren: Unter anderem Westpreußen und das Ermland gingen an das Königreich Polen verloren. Der östliche Teil Preußens (= Ostpreußen) behielt Freiheiten, musste jedoch die polnische Lehnshoheit in diesem Gebiet anerkennen.

Albrecht von Preußen (1490-1568), der als Prinz von Ansbach aus der fränkischen Linie des Herrschergeschlechts Hohenzollern stammte und den evangelisch-lutherischen (= protestantischen) Glauben angenommen hatte, erhielt das Herzogtum Preußen als Lehen von seinem Onkel, dem polnischen König.

Herzogtum Preußen seit 1525

Aufgabe: *Was merkst du dir zur Vorgeschichte sowie Frühgeschichte Preußens? Notiere eigene, vollständige Sätze.*

Preußen und Brandenburg im 17. Jahrhundert

Aufgabe: *Setze in den nachfolgenden Sätzen passende Verben ein (siehe die Lösungshilfe unten).*

1. Durch Erbschaft ________________ das Herzogtum Preußen im Jahr 1618 endgültig in den Besitz des Kurfürsten von Brandenburg über – einem Mitglied des Herrscherhauses Hohenzollern.
2. Die fränkische Linie dieses alten Herrscherhauses hatte das Kurfürstentum Brandenburg um 1415 durch den römisch-deutschen König und späteren Kaiser Sigismund als Lehen ________________.
3. Das Kurfürstentum Brandenburg ________________ innerhalb des Heiligen Römischen Reiches Deutscher Nation (HRRDN), das Herzogtum Preußen jedoch außerhalb.
4. Aufgrund von Beziehungen, Heiraten, Erbschaften sowie des Westfälischen Friedens am Ende des Dreißigjährigen Krieges (1618-1648) ________________ im 17. Jahrhundert mehrere Gebiete in den Besitz des Kurfürstentums Brandenburg (vgl. Karte).

5. Der jeweilige Kurfürst von Brandenburg ________________ im Herzogtum Preußen auf den Widerstand der Stände, insbesondere des Adels.
6. Dem Kurfürsten Friedrich Wilhelm (1620-1688), genannt der Große Kurfürst, ________________ es allmählich, diesen Widerstand zu überwinden.
7. Der Große Kurfürst Friedrich Wilhelm ________________ die Verwaltung in seinen Herrschaftsgebieten, er ließ ein stehendes Heer sowie eine Flotte aufbauen.
8. Auch ________________ er die Errichtung der Kolonie Groß Friedrichsburg ab 1683 in Afrika an der Küste des heutigen Staates Ghana. Um 1720 wurde diese Kolonie an die Niederlande verkauft.
9. Durch den Vertrag von Wehlau (1657) wurde das Herzogtum Preußen von der polnischen Lehnshoheit ________________.
10. Aufgrund des Erwerbs des Herzogtums Preußen durch den Kurfürsten von Brandenburg ________________ für dessen Herrschaftsgebiete insgesamt die Bezeichnung Brandenburg-Preußen.

Lösungshilfe: einsetzbare Verben in alphabetischer Reihenfolge:
befreit – entstand – erworben – gelang – gelangten – ging –
lag – stieß – veranlasste – vereinheitlichte

GESCHICHTE PREUSSENS
Klar strukturierte Arbeitsblätter für einen informativen Überblick – Bestell-Nr. 13 039

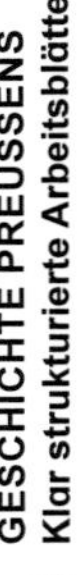

Die Entwicklung im 18. Jahrhundert (Überblick)

Im Jahr 1701 krönte sich der brandenburgische Kurfürst Friedrich III., der auf Ruhm und Prunk bedacht war, zum König Friedrich I. in Preußen. Die Krönung erfolgte in Königsberg, der Hauptstadt des Herzogtums Preußen. Damit entstand aus dem Herzogtum Preußen das Königreich Preußen, das bis 1918 existierte. Ab dem weiteren Verlauf des 18. Jahrhunderts wurde die Bezeichnung Königreich Preußen übertragen auf die gesamten Gebiete unter preußischer Herrschaft.

Krönung des Kurfürsten von Brandenburg Friedrich III. zum König Friedrich I. in Preußen.

Im Laufe des 18. Jahrhunderts wuchs die Flächengröße des Königreichs Preußen mehr und mehr – vor allem wegen militärischer Erfolge. So nahm Preußen 1720 Vorpommern in Besitz, 1740 Schlesien, 1744 Ostfriesland ...

Unter der Regierung des Königs Friedrich II. (= Friedrich der Große genannt), der von 1740-1786 herrschte, vergrößerte sich die Fläche Preußens von ca. 119.000 km² auf etwa 195.000 km². In diesem Zeitraum vermehrte sich die Anzahl der Bevölkerung im Königreich Preußen von ungefähr 2,4 Millionen Einwohnern auf rund 5,6 Millionen.

Die Entwicklung im 18. Jahrhundert (Überblick)

Preußen profitierte sehr von 3 polnischen Teilungen (1772, 1793, 1795), die durch Russland, Österreich sowie Preußen durchgeführt wurden. Auf diese Weise erwarb das Königreich Preußen Westpreußen, Ermland und weitere Regionen im Süden, Südosten oder Osten. Das Königreich Preußen stieg im 18. Jahrhundert zu einer europäischen Großmacht auf. Die anderen 4 europäischen Großmächte waren Großbritannien, Frankreich, Russland und Österreich, das ebenso wie Preußen bis zum Jahr 1806 zum bestehenden Heiligen Römischen Reiches Deutscher Nation (HRRDN) gehörte.

Der russische Diplomat in der Mitte zeigt auf den Engel, so ist die Teilung Polens „abgesegnet". Von links: Katharina II. (Russland), Joseph II. (Österreich), Friedrich II. (Preußen)

Aufgabe: *Du hast den vorherigen Text gelesen. Ergänze nun die folgenden fehlenden Angaben.*

1. Der brandenburgische Kurfürst Friedrich III. krönte sich 1701 zum

____

2. Der brandenburgische Kurfürst Friedrich III. strebte nach ____________________

3. Aus dem Herzogtum Preußen wurde 1701 das ____________________

4. Die Bezeichnung Königreich Preußen wurde im Verlauf des 18. Jahrhunderts übertragen auf ______________________________

5. Die Flächengröße Preußens wuchs vor allem aufgrund ____________________

6. Den preußischen König Friedrich II. nannte und nennt man ebenfalls

____

7. Während der Herrschaft Friedrichs II. vergrößerte sich die Fläche des Königreiches Preußen von ca. ______________________________

8. Zugleich stieg auch die ______________________________

____

9. Ab 1772 hatte das Königreich Preußen großen Nutzen von den

____

10. Im 18. Jahrhundert stieg Preußen auf und wurde zu

____

GESCHICHTE PREUSSENS
Klar strukturierte Arbeitsblätter für einen informativen Überblick – Bestell-Nr. 13 039
KOHL VERLAG

Die Ausdehnung des Königreiches Preußen am Ende des 18. Jahrhunderts

Im Jahr 1795 kam es zur 3. polnischen Teilung. Polen existierte als Staat nunmehr nicht mehr. Durch die 3. polnische Teilung wurde das preußische Staatsgebiet im Osten noch größer. Es erstreckte sich jetzt über eine Fläche von mehr als 300.000 km². Die Einwohnerzahl Preußens stieg auf ca. 8,7 Millionen.

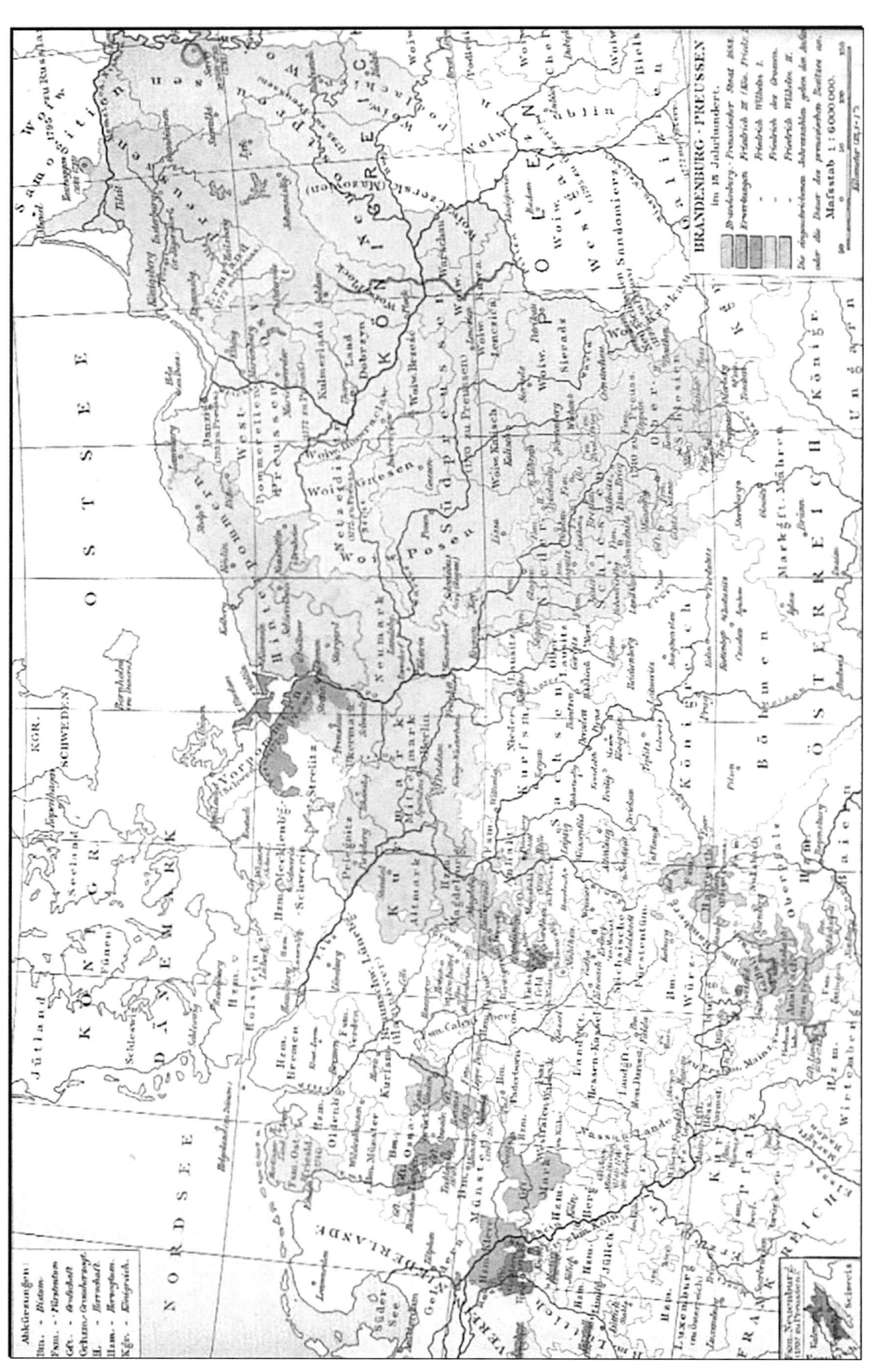

Das preußische Militär (I)

Im 18. Jahrhundert verstärkte Preußen sein Militär erheblich. Der preußische König Friedrich Wilhelm I. (genannt der „Soldatenkönig“), der von 1713-1740 regierte, ließ die Zahl der Soldaten im Heer von ca. 30.000 auf über 80.000 erhöhen. Der Herrscher legte eine lebenslängliche Dienstpflicht fest, die erst 1792 durch den preußischen König Friedrich Wilhelm II. auf 20 Jahre verkürzt wurde.

Friedrich Wilhelm I. hatte eine Vorliebe für große Soldaten, die in der Alltagssprache als „lange Kerls“ bezeichnet wurden. Der Grund für solche gewünschten Soldaten war: Damals wurde mit langen Gewehren (= „Vorderladern“) geschossen. Zum schnellen Nachladen dieser Gewehre waren große Soldaten mit langen Armen nützlich.

Der „Soldatenkönig“ inspiziert im Lustgarten des Potsdamer Stadtschlosses das Regiment Lange Kerls.

Die Ausbildung der Soldaten war hart; sie wurden gedrillt. Die Soldaten waren zu strengem Gehorsam und eiserner Disziplin verpflichtet. Unter dem „Soldatenkönig“ führte Preußen jedoch selten Krieg. Umso öfter war dies während der Regierungszeit (1740-1786) des preußischen Königs Friedrich II. (= Friedrich der Große) der Fall. Im Jahr 1786 (= Todesjahr von Friedrich II.) soll die Gesamtstärke des preußischen Militärs etwa 193.000 Soldaten umfasst haben. Preußen erhielt den (negativen) Ruf eines Militärstaates.

Aufgabe: *Fasse den Inhalt des oberen Textes in 5, 6 oder 7 eigenen Sätzen zusammen.*

____

____

____

____

____

____

Regierungsform

Aufgabe: *Anschließend folgen 10 Satzanfänge, danach 10 Satzenden in alphabetischer Reihenfolge. Welches Satzende gehört zu welchem Satzanfang? Ergänze die Satzanfänge jeweils mit dem richtigen Satzende.*

1. Im Kurfürstentum Brandenburg, im Herzogtum Preußen und im daraus entstandenen ______________________________

____

2. Absolutistische Herrschaft bedeutet, dass die Herrscher ______________________________

____

(lat. absolutus = losgelöst, befreit)

3. Die Herrscher hatten die oberste gesetzgebende, ______________________________

____

4. Es bestand keine Gewaltenteilung, wie von C. de Montesquieu (1689-1755), ______________________________

5. Die Herrschaftsweise des von 1740-1786 regierenden preußischen Königs Friedrich II. ______________________________

6. Als „erster Diener des Staates“ bezeichnete sich ______________________________

____

7. Er äußerte: „Alles für die Untertanen, aber ______________________________

8. In jedem Fall hielt der preußische ______________________________

____

9. Jedoch gewährte Friedrich II. dem Volk drei aus der ______________________________

____

10. Diese waren das Recht aller auf Glaubensfreiheit, ______________________________

____

Die 10 Satzenden (in alphabetischer Reihenfolge):

- Aufklärung hervorgegangene Menschenrechte.
- ausführende und richterliche Gewalt inne.
- das Recht aller auf Gleichheit vor dem Gesetz und das Recht aller auf Bildung.
- einem französischen Vertreter der Aufklärung, gefordert.
- Friedrich II. (= Friedrich der Große) selbst.
- in ihrem Herrschaftsgebiet die Alleinherrschaft ausübten.
- König Friedrich II. weiterhin am Absolutismus fest.
- Königreich Preußen regierten autoritäre (= diktatorische), ja zunächst absolutistische Herrscher.
- nichts durch die Untertanen.“
- (1712-1786) ging im Nachhinein in die Geschichte unter der Bezeichnung *Aufgeklärter Absolutismus* ein.

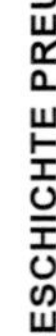

Natur, Besiedlung und Wirtschaft

Preußen wies Landschaften mit zahlreichen (großen) Wäldern sowie Seen auf. So manche Gebiete Preußens waren sumpfig, andere Regionen trocken, oft gekennzeichnet durch karge Sandböden …

Insgesamt gesehen waren die Gebiete, die zu Preußen gehörten, dünn besiedelt. Von daher ließen preußische Herrscher Menschen aus anderen Ländern (Hugenotten[1] aus Frankreich, Katholiken aus Österreich …) in ihrem Staatsgebiet ansiedeln. Die Neusiedler kultivierten Gebiete, legten u. a. Sümpfe trocken, z. B. den Oderbruch …

In Preußen dominierte die Agrarwirtschaft (= Landwirtschaft). Der Anbau der aus Südamerika stammenden Kartoffel wurde unter dem Herrscher Friedrich II. vorangetrieben. Viele Bauern waren als Abhängige gezwungen, für ihren jeweiligen Grundherrn zu arbeiten und Abgaben zu leisten. In überwiegend östlich der Elbe gelegenen preußischen Gebieten bildeten sich sehr große Gutshöfe im Besitz von Adligen (= „Junker" genannt) heraus.

Neben der Landwirtschaft existierten in Preußen das Handwerk und der Handel. Im Laufe des 18. Jahrhunderts entstanden (auch) in Preußen mehr und mehr Manufakturen[2]: Textilmanufakturen, Waffenmanufakturen, Möbelmanufakturen … Bei den Manufakturen handelte es sich um (größere) Betriebe, in denen arbeitsteilig, größtenteils noch in Handarbeit Waren hergestellt wurden.

Aufgabe: *Überlege dir zum vorherigen Text 6 Fragen und notiere sie auf einem leeren Blatt. Gib das Blatt danach einem anderen Schüler zur schriftlichen Beantwortung deiner Fragen. Du erhältst von ihm das Blatt, auf dem er seine Fragen aufgeschrieben hat, die nun du schriftlich zu beantworten hast.*

Friedrich II. begutachtet den Kartoffelanbau auf einer Inspektionsreise.

[1] *Hugenotten = französische Protestanten*

[2] *manufacere (lat.) = mit der Hand tun*

Die preußische Gesellschaftsordnung

Aufgabe: **a)** *Verbinde jeweils per Linie Satzanfang und passendes Satzende. Schreibe vor das Satzende die Nr. vom Satzanfang.*

Nr.	Satzanfänge
1	Die Gesellschaftsordnung in Preußen
2	Ganz oben in der Gesellschaftsordnung stand
3	Danach folgten die weiteren Adligen,
4	Großbürger hatten unterhalb des Adelsstandes
5	Die genannten Gruppierungen waren
6	Zur nächsttieferen Gesellschaftsschicht zählten
7	Unten in der Gesellschaftsordnung befanden sich
8	Hörige waren von Grundherren Abhängige,
9	Sehr oft, ja fast immer war nach der Geburt durch die soziale
10	Zu Aufstiegen in der Gesellschaft von unten

Nr.	Satzenden
	ihren Platz in der Gesellschaft.
	die den Adelsstand bildeten.
	Leibeigene ganz im Besitz von Grundherren.
	der jeweilige König mit seinem Umfeld.
	unfreie Bauern (Hörige und Leibeigene), Arbeiter, Dienstboten …
	Herkunft bestimmt, wer sein Leben später in welcher Gesellschaftsschicht führte.
	war starr gegliedert.
	insgesamt gesehen die Oberschichten in der Gesellschaft.
	nach oben kam es (sehr) selten.
	Bürger, Händler, Handwerker und freie Bauern.

b) *Schreibe jetzt die 10 Sätze in der genannten Reihenfolge vollständig auf.*

Kultur, Bildung

Schloss Sanssouci

Marmorsaaal des Schlosses Sanssouci
Friedrich der Große umgab sich auf Schloss Sanssouci gern mit intellektuellen Gesprächspartnern, die abends mit ihm an der Tafelrunde saßen.

Kultur zeigt(e) sich u. a. bei den Bauwerken. In Preußen ließen Könige und andere (sehr) reiche Adlige prächtige Schlösser sowie Parks für sich bauen, um ihren Reichtum zu beweisen und zur Schau zu stellen. Das (wohl) bekannteste preußische Schloss aus dem 18. Jahrhundert ist das im Zeitraum 1745-1747 auf Anordnung von Friedrich II. entstandene Schloss Sanssouci.

Das heutige Wahrzeichen von Berlin, das Brandenburger Tor, wurde in der Zeit von 1788-1791 erbaut. Die preußische Hauptstadt Berlin mit ihren Theatern, Konzerthäusern, Salons … entwickelte sich ab etwa 1800 zu einem bedeutenden Kulturstandort.

Der bekannteste deutsche Philosoph der Aufklärung, nämlich Immanuel Kant (1724-1804), lebte in der ostpreußischen Stadt Königsberg und lehrte an der dortigen seit 1544 bestehenden Albertina-Universität.

Kultur, Bildung

Für die große Mehrheit in der Bevölkerung Preußens war die(se) Kultur jedoch nicht bestimmt, denn sie hatten nicht die Zeit, nicht die finanziellen Möglichkeiten und auch nicht die Bildung, um am Kulturleben teilzunehmen.

Im Jahr 1717 führte König Friedrich Wilhelm I. in Preußen die allgemeine Schulpflicht in bestehenden Schulen ein. Zuvor bekamen nur Kinder aus wohlhabenden Familien Bildung in Form von Privatunterricht vermittelt. Da es zunächst für die Durchführung des verbindlichen Schulunterrichts keine ausgebildeten Lehrer gab, dienten u. a. ehemalige Soldaten, Kriegsversehrte und Handwerker als Lehrkräfte. Ein Hauptanliegen des Königs Friedrich Wilhelm I. sowie der später folgenden Herrscher war, dass die Heranwachsenden in den Schulen zu gehorsamen Untertanen erzogen wurden.

Anfangs wurde die Einführung der Schulpflicht (jedoch) in der Bevölkerung (vor allem in den unteren Bevölkerungsschichten) wenig beachtet. Kinder dienten in den Familien als Arbeitskräfte.

Aufgabe: *Deine Meinung ist gefragt. Wie beurteilst du folgende Tatsachen? Begründe jeweils deine Meinung.*

a) *Könige und andere (sehr) reiche Adlige ließen prächtige Schlösser und Parks für sich bauen.*

b) *Der preußische König Friedrich Wilhelm I. ließ 1717 in Preußen die allgemeine Schulpflicht einführen.*

Preußen im 19. Jahrhundert (bis 1815)

Aufgabe: **a)** *Ordne die anschließenden 10 Sätze in zeitlicher Reihenfolge. Welcher Satz sollte an 1. Stelle stehen, welcher an 2. Stelle, welcher an 3. Stelle usw.? Schreibe dementsprechend jeweils eine der Zahlen von 1-10 vor jeden Satz.*

	Auf dem Wiener Kongress (1814/1815) erlangte Preußen wieder seine Großmachtstellung.
	Auch Preußen gelang es nicht, dieses Vordringen zu stoppen.
	Im Osten hatte Preußen hinzunehmen, dass mit dem Herzogtum Warschau ein Vasallenstaat Frankreichs entstand. (Vasallenstaat = ein Staat, der von einer Großmacht abhängig ist; vasallus (keltisch, lat.) = Abhängiger, Lehnsmann)
	Im Jahr 1806 unterlagen preußische Truppen denen von Napoleon I. in den Schlachten bei Jena und Auerstedt.
	Preußen bekam Gebiete im Rheinland, in Westfalen, Sachsen, Vorpommern und im Raum Posen zugesprochen.
	In Europa waren die ersten mehr als 10 Jahre im 19. Jahrhundert geprägt durch das immer weitere Vordringen französischer Truppen unter der Führung von Napoleon I.
	Die Gebiete, die Preußen aufgrund der 2. Polnischen Teilung (1793) sowie der 3. Polnischen Teilung (1795) erlangt hatte, erhielt jetzt Russland.
	Daraufhin musste Preußen gemäß dem Friedensvertrag von Tilsit (1807) im Westen viele Gebiete abgeben.
	Nach dem Wiener Kongress umfasste das Königreich Preußen eine Fläche von ca. 280.000 km² und hatte etwa 10,3 Millionen Einwohner.
	In den Befreiungskriegen (1813-1815) schafften es Preußen und andere europäische Staaten (Österreich, Russland ...) vereint, sich von der napoleonischen Herrschaft zu befreien.

b) *Schreibe nun die 10 Sätze in der richtigen zeitlichen Reihenfolge auf ein Extrablatt.*

Medaille zum Wiener Kongress mit Büsten der Teilnehmer

GESCHICHTE PREUSSENS
Klar strukturierte Arbeitsblätter für einen informativen Überblick – Bestell-Nr. 13 039

Test 1

1. Wie ist die Bezeichnung Preußen zu erklären?

2. Welcher Staat bestand von 1230-1561 in Nordosteuropa an der Ostseeküste?

3. Welches Herrscherhaus erwarb um 1411/1417 das Kurfürstentum Brandenburg?

4. Auf welche Weise gelangte das Herzogtum Preußen im Jahr 1618 in den Besitz des Kurfürsten von Brandenburg?

5. Wozu krönte sich der brandenburgische Kurfürst Friedrich III. 1701 in Königsberg?

Kopie der Krönungskrone von 1701

Test 1

6. Unter welcher Bezeichnung ging der preußische König Friedrich Wilhelm I. in die Geschichte ein?

____

____

____

7. Was ist mit „Aufgeklärter Absolutismus“ unter dem preußischen König Friedrich II. gemeint?

____

____

____

8. Wodurch wurde Preußen in den Jahren 1772, 1793 und 1795 flächenmäßig erheblich größer?

____

____

____

9. Wogegen unterlagen preußische Truppen im Jahr 1806?

____

____

____

10. Wovon befreite sich Preußen zusammen mit anderen europäischen Staaten im Zeitraum 1813-1815?

____

____

____

Das Tabakskollegium des Königs Friedrich Wilhelm I. war eine Gruppe von Männern, die sich regelmäßig zum Rauchen von Tabak, zu Gesprächen, zur Geselligkeit versammelten.

Die Grenzen in Europa 1815 nach den Befreiungskriegen

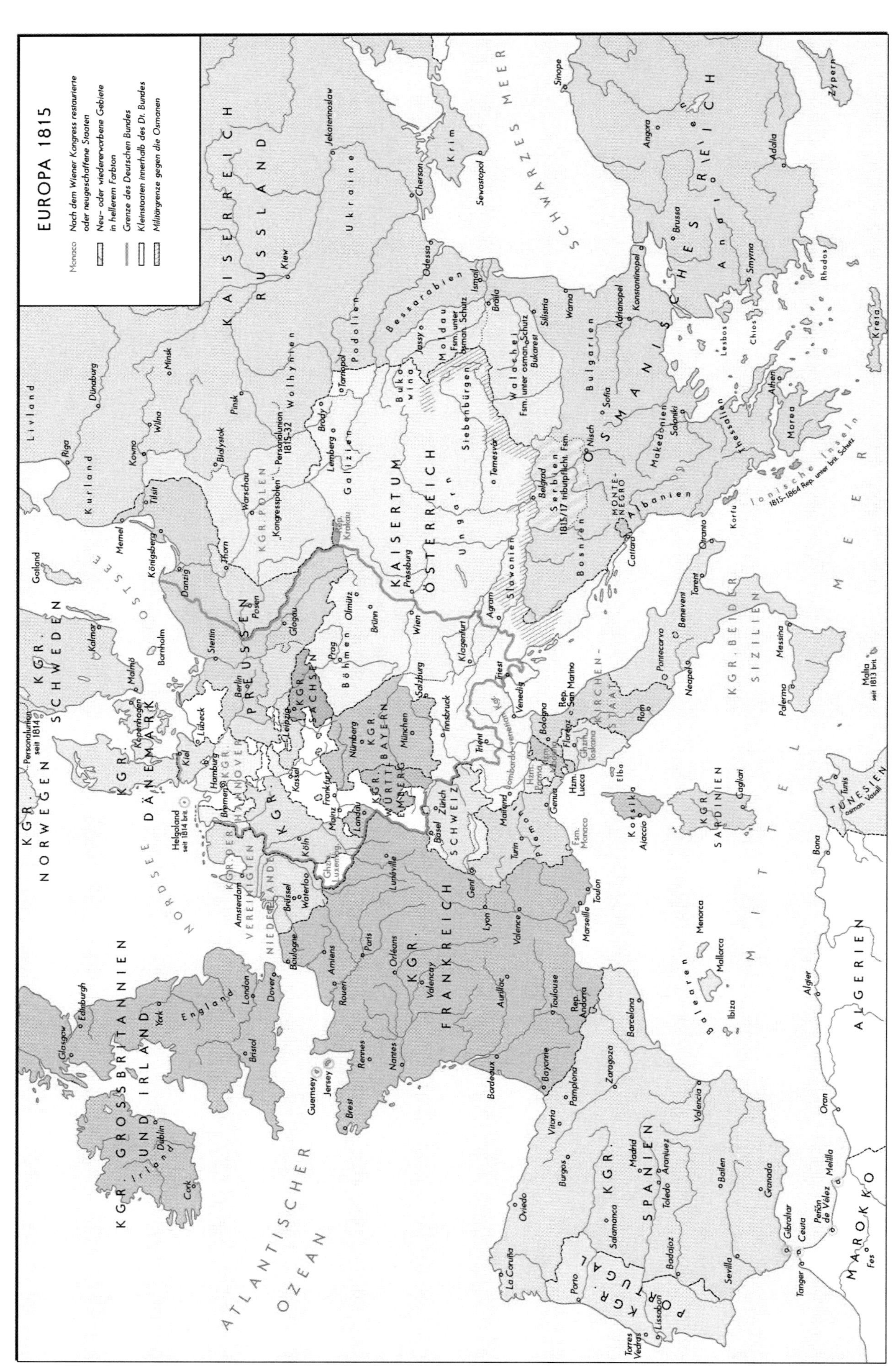

Reformen in Preußen

Durch die Französische Revolution (1789-1799) und die anschließende Herrschaft Napoleons I. (1799-1815) geriet die bisherige Ordnung auch in so manchen Gebieten außerhalb von Frankreich in Umbruch bzw. war davon bedroht. Nach der Niederlage Preußens gegen Frankreich wurden, beginnend ab 1807, in Preußen „Reformen von oben" durchgesetzt, um einer etwaigen „Revolution von unten" entgegenzuwirken.

In leitenden Funktionen befassten sich vor allem folgende Personen mit preußischen Reformen:

- der Staatsmann Karl Reichsfreiherr vom und zum Stein,
- der Staatsmann Karl August Fürst von Hardenberg,
- der General General von Scharnhorst,
- der Politiker und Wissenschaftler Karl Wilhelm Freiherr von Humboldt

Die Reformen umfassten:

- die Aufhebung der Leibeigenschaft und Gutsherrenuntertänigkeit von Bauern;
- die Schaffung eines einheitlichen Staatsministeriums;
- die Zusammenfassung von Steuern;
- die Selbstverwaltung von Städten;
- die Einführung der Gewerbefreiheit nach vorheriger Aufhebung des Zunftzwanges;

(Fortsetzung auf der nächsten Seite)

Während der Befreiungskriege leisteten in Preußen zum ersten Mal auch jüdische Soldaten Kriegsdienst. Auf dem Bild stellt der jüdische Maler Moritz Daniel Oppenheim den Moment dar, wo ein jüdischer Soldat, der freiwillig für Preußen in den Befreiungskriegen gegen Frankreich gekämpft hat, wieder heimkehrt. Zu sehen ist die traditionelle Kleidung.

Reformen in Preußen

- die rechtliche Gleichstellung für die Juden;
- die Einführung der allgemeinen Wehrpflicht;
- Abschaffung des Alleinanspruches von Adligen, Offiziere zu werden;
- Verbesserung der Ausbildung der Soldaten;
- Schaffung eines Bildungssystems bestehend aus Volksschulen, Gymnasien sowie Universitäten;
- Ausweitung und Fortentwicklung der Lehrerausbildung;
- endgültiges Verbot des Spießrutenlaufens und der Prügelstrafe;
- ...

Die Entstehung einer Volksvertretung in z. B. Form eines Landtages scheiterte jedoch am Widerstand konservativ eingestellter Personen.

Spießrutenlaufen

Aufgabe: *Wie beurteilst du die Reformen in Preußen?*

Preußen im Deutschen Bund

Neun Jahre nach der Auflösung des Heiligen Römischen Reiches Deutscher Nation, an der wesentlich der französische Herrscher Napoleon I. beteiligt war, entstand 1815 in Wien der Deutsche Bund. Der Deutsche Bund war ein lockerer Zusammenschluss von zeitweise bis zu 39 Einzelstaaten, darunter die 4 freien Städte Hamburg, Lübeck, Bremen und Frankfurt/Main.

Nationalversammlung in der Frankfurter Paulskirche

Die Vertreter der Einzelstaaten des Deutschen Bundes trafen sich in Frankfurt/Main zu Bundesversammlungen (= Bundestagen), in denen Österreich formal den Vorsitz hatte. Auf den Bundesversammlungen wurde die Außenpolitik des Deutschen Bundes festgelegt. Interne Angelegenheiten blieben den Einzelstaaten des Deutschen Bundes überlassen.

Österreich und Preußen waren die beiden flächengrößten und mächtigsten Einzelstaaten im Deutschen Bund. Die jeweilige Staatsführung in diesen zwei Staaten betrieb eine Politik, die nach 1815 auf die Bewahrung der alten Ordnung gerichtet war. In einigen (kleineren) Einzelstaaten des Deutschen Bundes kam es zu Verfassungen. Darin war u. a. die Mitbestimmung von Volksvertretern in Parlamenten niedergeschrieben.

Dies geschah in Preußen – wie auch in Österreich – lange Zeit nicht und scheiterte an der Weigerung der Herrschenden, in Preußen z. B. an der Gegenwehr des jeweiligen Königs. Wer Kritik am Staat Preußen äußerte oder sogar Demokratie forderte, wurde von staatlicher Seite verfolgt. Manche Kritiker … wurden aus dem Staatsdienst entlassen, des Landes verwiesen bzw. inhaftiert.

GESCHICHTE PREUSSENS
Klar strukturierte Arbeitsblätter für einen informativen Überblick – Bestell-Nr. 13 039

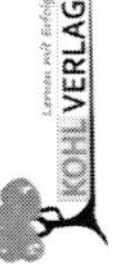

Preußen im Deutschen Bund

Aufgabe 1: **a)** *Welche der nachfolgenden 10 Aussagen sind richtig, welche nicht? Kreuze die Aussagen dementsprechend an.*

		Richtig	Falsch
1	Zur Auflösung des Heiligen Römischen Reiches Deutscher Nation kam es im Jahr 1809.		
2	Der Deutsche Bund wurde in Wien gegründet.		
3	Ein fester Zusammenschluss von Einzelstaaten war der Deutsche Bund.		
4	Aus zeitweise fast 40 Einzelstaaten setzte sich der Deutsche Bund zusammen.		
5	Zum Deutschen Bund gehörten u. a. die 4 freien Reichsstädte Hamburg, Lübeck, Bremen sowie Frankfurt/Oder.		
6	Die Einzelstaaten des Deutschen Bundes durften ihre inneren Angelegenheiten selbstständig regeln.		
7	Österreich und Preußen betrieben eine konservative Politik.		
8	In einigen Einzelstaaten des Deutschen Bundes entstanden Verfassungen, ohne dass darin Volksvertretungen verankert waren.		
9	In Preußen wurde Kritik am Staat akzeptiert.		
10	Forderungen nach Demokratie wurden in Preußen lange Zeit nicht realisiert.		

b) *Verbessere schriftlich die falschen Aussagen.*

Aufgabe 2: *Wie bewertest du den Deutschen Bund und das angesprochene Geschehen in Preußen? Begründe deine Meinung, schreibe sie auf ein Extrablatt.*

Die Deutsche Revolution 1848/1849

Der sog. Frankfurter Wachensturm
Schon am 3. April 1833 versuchten ca. 50 Studenten, eine gesamtdeutsche Revolution auszulösen.

Von Frankreich aus[1] griff die Revolution im März 1848 auf Deutschland über und erfasste auch Preußen. Wesentliche Zielsetzungen deutscher Revolutionäre waren:

- die Beendigung der Unterdrückung des Volkes,
- Streben nach Freiheit und Mitbestimmung (Demokratie),
- Schaffung eines deutschen Einheitsstaates

Am 18./19.03.1848 fanden in Berlin heftige Kämpfe statt, wobei vor allem viele Aufständische durch Soldaten getötet wurden. In Bedrängnis geraten zog der preußische König Friedrich Wilhelm IV. eingesetzte Truppen zurück und versprach, sich u. a. für ein einheitliches deutsches Reich einzusetzen.

In Frankreich/Main kam ab Mitte Mai 1848 die deutsche Nationalversammlung zusammen, die aus gewählten Volksvertretern bestand. Ebenfalls ab Mai 1848 bildeten in Preußen gewählte Volksvertreter die preußische Nationalversammlung, die in Berlin tagte. In der preußischen Nationalversammlung gab es mehr aus der unteren Mittelschicht stammende und weniger zum Bildungsbürgertum gehörende Abgeordnete als in der deutschen Nationalversammlung.

[1] *In Frankreich musste der König abdanken und die Republik wurde ausgerufen …*

Die Deutsche Revolution 1848/1849

Der 20-jährige Schlossergeselle Heinrich Glasewaldt und der 17-jährige Schlosserlehrling Ernst Zinna 1848 auf der Barrikade an der Ecke Jäger-/Friedrichstraße in Berlin

Anfang Dezember 1848 ließ der König die preußische Nationalversammlung auflösen. Die deutsche Nationalversammlung bestand jedoch weiterhin. Im Frühjahr 1849 beendete die deutsche Nationalversammlung ihre Beratungen über die zukünftige deutsche Verfassung.

Die Verfassung sah einen deutschen Staat ohne Österreich vor. Vorgesehen war Deutschland als eine Monarchie mit garantierten Grundrechten für alle Bürger. Die oberste ausführende Gewalt sollte beim Kaiser liegen, die oberste gesetzgebende Gewalt beim Reichstag und die oberste richterliche Gewalt beim Reichsgericht.

Die deutsche Nationalversammlung wählte den preußischen König Friedrich Wilhelm IV. zum Kaiser des erstrebten deutschen Reiches. Eine Abordnung der deutschen Nationalversammlung bot im April 1849 dem König Friedrich Wilhelm IV. die deutsche Kaiserkrone an. Aber er lehnte diese Krone ab, angeblich (sinngemäß) mit den Worten, die Krone sei eine „Straßenpflasterkrone“ (= „Krone aus der Gosse“).

Schließlich scheiterte die Deutsche Revolution von 1848/1849. Sie wurde durch Waffengewalt niedergeschlagen, d. h. durch von den Herrschenden eingesetzte militärische Truppen, vor allem auch durch preußische Soldaten.

Die Deutsche Revolution 1848/1849

Aufgabe: *Beantworte zum Text auf Blatt 1 und 2 diese Fragen:*

1. Von welchem Land aus entstand 1848 in Deutschland eine Revolution?

2. Welche Hauptziele hatten deutsche Revolutionäre?

3. Was versprach der preußische König Friedrich Wilhelm IV. im März 1848?

4. In welcher Stadt versammelten sich ab Mitte Mai 1848 gewählte Vertreter der deutschen Nationalversammlung?

5. Welche Versammlung tagte ab Mai 1848 in Berlin?

6. Was tat der preußische König Friedrich Wilhelm IV. Anfang Dezember 1848?

7. Wie sollte laut Beschluss der deutschen Nationalversammlung die Gewaltenteilung im zukünftigen deutschen Reich geregelt sein?

8. Wen wählte die deutsche Nationalversammlung zum deutschen Kaiser?

9. Wieso lehnte der König Friedrich Wilhelm IV. die angebotene Kaiserkrone ab?

10. Wie endete die Deutsche Revolution von 1848/1849?

GESCHICHTE PREUSSENS
Klar strukturierte Arbeitsblätter für einen informativen Überblick – Bestell-Nr. 13 039

Die preußische Verfassung von 1850

Diese Verfassung, die Ende Januar 1850 in Kraft trat, war eine Verfassung „von oben" (= aufgezwungen), sie ging nicht aus dem Willen des Volkes hervor. Gemäß der Verfassung stand an der Spitze des Staates Preußen der König, er galt als „Herrscher von Gottes Gnaden." Der preußische König hatte die höchste ausführende Gewalt allein inne. Er ernannte die Regierung, nur ihm waren die Minister verantwortlich.

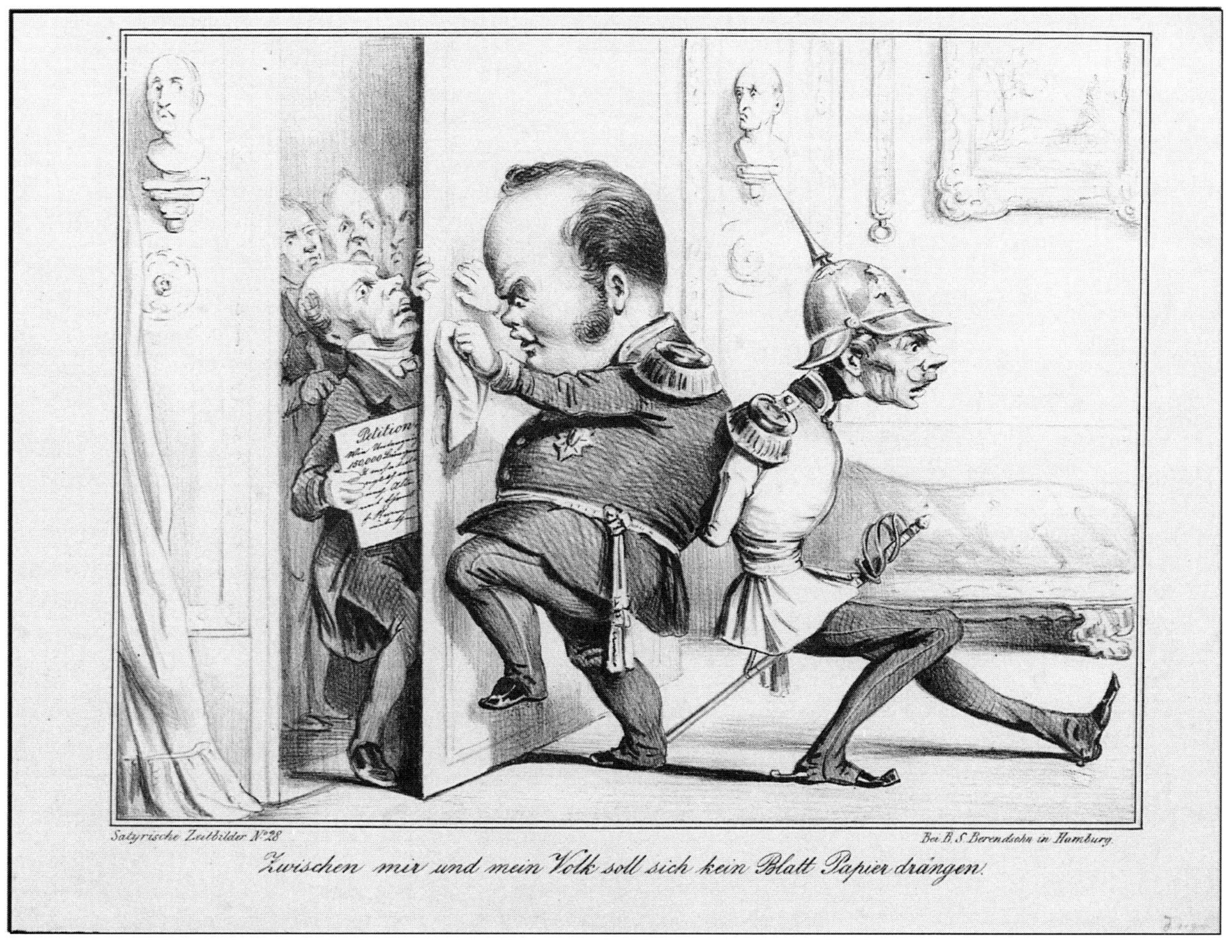

Mit kindlichem Trotz wehrt sich Friedrich Wilhelm IV. gegen die Einführung der Verfassung. „Zwischen mir und mein Volk soll sich kein Blatt Papier drängen!"

Im Weiteren besaß der König den Oberbefehl über das Militär und durfte die Außenpolitik bestimmen. Ferner hatte der König das Recht, Richter auf Lebenszeit zu ernennen. Beteiligt war der König auch an der Gesetzgebung. Zum Erlass von Gesetzen war die Zustimmung des Herrenhauses (= 1. Kammer), des Abgeordnetenhauses (= 2. Kammer) sowie des Königs erforderlich. Das Herrenhaus setzte sich aus berufenen, durch Vererbung bestimmten und gewählten Vertretern der Oberschichten (Adlige, Großgrundbesitzer …) zusammen.

Die preußische Verfassung von 1850

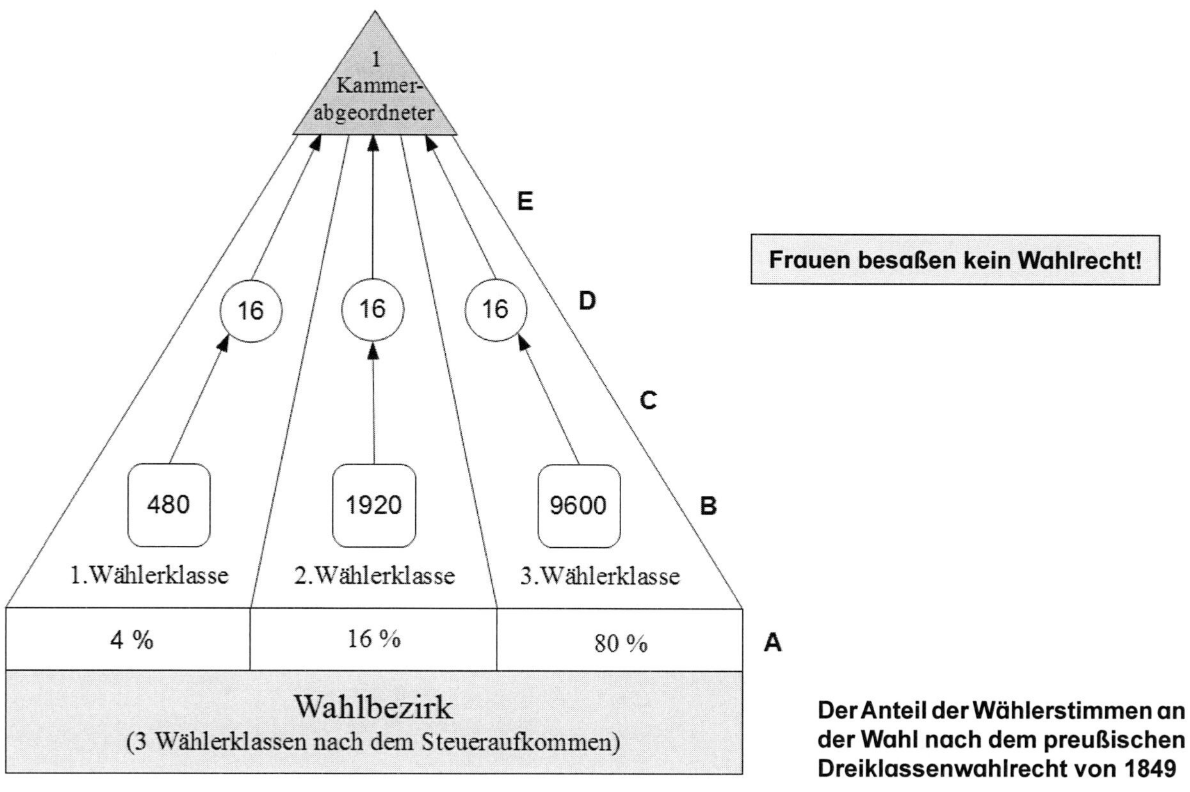

Der Anteil der Wählerstimmen an der Wahl nach dem preußischen Dreiklassenwahlrecht von 1849

A: Prozentualer Anteil an den Wahlberechtigten
B: Anzahl Urwähler
C: 1. Wahlgang
D: Anzahl Wahlmänner
E: 2. Wahlgang

Die Vertreter des Abgeordnetenhauses wurden nach dem Dreiklassenwahlrecht, das in Preußen bis zum Jahr 1918 galt, indirekt (= über Wahlmänner) gewählt. Das Dreiklassenwahlrecht war ein Wahlverfahren, wobei die Wahlberechtigten in 3 Einkommensklassen (≈ Steuerklassen) eingeteilt waren. Jede Einkommensklasse stellte dieselbe Anzahl von Wahlmännern. Wahlberechtigt waren Männer ab dem Alter von 25 Jahren.

Die preußische Verfassung von 1850 gewährte Bürgerrechte wie Gleichheit vor dem Gesetz, Meinungs- und Pressefreiheit, Versammlungsfreiheit, freie Religionswahl, Briefgeheimnis, Unverletzlichkeit der Wohnung … Manche dieser Rechte durften in Fällen wie Krieg, Aufruhr … aber außer Kraft gesetzt bzw. eingeschränkt werden …

EA **Aufgabe**: *Wie beurteilst du die preußische Verfassung von 1850? Begründe deine Beurteilung.*

GESCHICHTE PREUSSENS
Klar strukturierte Arbeitsblätter für einen informativen Überblick – Bestell-Nr. 13 039
KOHL VERLAG

Die Entwicklung von 1850-1866

Aufgabe: *Trage die folgenden Wörter in die Lücken der anschließenden Sätze richtig ein.*

Auflösung – Bismarck – Bruch – Bruder – Bruderkrieg – Bund – Flächengröße – Frankfurt/Main – Hannover – König – Österreich – Reich – Schleswig – Spannungen

1. Aufgrund der niedergeschlagenen und damit gescheiterten Revolution von 1848/1849 war kein deutsches ________________ zustande gekommen.
2. 1850 wurde erneut der Deutsche ________________ ins Leben gerufen, der sich 1848 aufgelöst hatte.
3. Die schon lange bestehenden ____________________ zwischen Preußen und Österreich verschärften sich in den fünfziger Jahren, ohne dass es aber zum endgültigen Bruch der Beziehungen kam.
4. Anfang 1861 verstarb der preußische ________________ Friedrich Wilhelm IV., der wegen Erkrankungen bereits mehrere Jahre zuvor praktisch regierungsunfähig war.
5. Nachfolger von Friedrich Wilhelm IV. wurde dessen ________________ Wilhelm I.
6. Durch den preußischen König Wilhelm I. erfolgte im Jahr 1862 die Ernennung des Adligen Otto von ________________ zum preußischen Ministerpräsidenten und zum Minister des Auswärtigen (= Außenminister).
7. 1864 besiegten preußische und österreichische Soldaten gemeinsam die Truppen Dänemarks, das sich ________________ einzuverleiben versuchte – unter Bruch des Londoner Protokolls (1852).
8. Preußen und Österreich vereinbarten: Preußen übernahm die Verwaltung in Schleswig und im Herzogtum Lauenburg[1], ________________ im sonstigen Holstein.
9. Doch dann kam es zum endgültigen ________________ der Beziehungen zwischen Preußen und Österreich.
10. Den Krieg von 1866 (auch ________________ genannt) gewannen die preußischen Truppen und Verbündeten über die von Österreich und dessen Bundesgenossen.
11. Es folgte die (letzte) ________________ des Deutschen Bundes.
12. Preußen nahm außer Holstein auch das Königreich ________________, das Kurfürstentum Hessen (Hessen-Kassel) sowie das Herzogtum Nassau in Besitz.
13. Außerdem erhielt Preußen die bisher freie Stadt ________________________, dazu einige Gebiete im Königreich Bayern und im Großherzogtum Hessen.
14. Nach dem Krieg von 1866 hatte Preußen eine ______________________ von fast 349.000 km² erreicht und war damit so groß wie nie zuvor.

[1] *Endgültig gelangte das Herzogtum Lauenburg im Jahr 1876 in den preußischen Besitz.*

Der Werdegang von 1867-1870

Ab 1862 bestimmte Otto von Bismarck wesentlich die preußische Politik, König Wilhelm I. gab ihm die Möglichkeiten dazu. Auf Betreiben des preußischen Ministerpräsidenten und Außenministers Bismarck entstand 1867 der Norddeutsche Bund. Dieser Bund war ein Zusammenschluss von 22 nördlich der Main-Linie gelegenen deutschen Einzelstaaten mit eigener Verfassung. Unter diesen befanden sich die 3 freien Städte Hamburg, Bremen und Lübeck. Die Führung im Norddeutschen Bund besaß Preußen. Oberhaupt des Norddeutschen Bundes war der preußische König Wilhelm I., Bismarck übte das Amt des Bundeskanzlers aus.

Die 3 süddeutschen Staaten (Großherzogtum Baden, das Königreich Württemberg und das Königreich Bayern) gehörten dem Norddeutschen Bund nicht an. Aber zwischen Preußen und den 3 süddeutschen Staaten bestanden jeweils militärische Beistandsverträge für die Fälle von Angriffen durch Gegner.

Der Norddeutsche Bund 1866–1871

GESCHICHTE PREUSSENS
Klar strukturierte Arbeitsblätter für einen informativen Überblick – Bestell-Nr. 13 039
KOHL VERLAG

Der Werdegang von 1867-1870

Am 19.07.1870 erklärte Frankreich Preußen den Krieg. Zu den Ursachen dieser Kriegserklärung gehörten französischer Nationalismus, der Versuch des Ablenkung von innenpolitischen Problemen, das Bestreben die Großmacht Preußen als Konkurrenten auszuschalten[1] …

Der sogenannte Deutsch-Französische Krieg von 1870/1871 brach aus. Preußische Truppen sowie die Truppen der Verbündeten drangen ab Sommer 1870 in Frankreich ein und dort alsbald immer weiter vor, ohne dass Frankreich kapitulierte …

EA **Aufgabe**: *Das kann ich bezogen auf Preußen über die Entwicklung im Zeitraum von 1850-1870 sagen:*

____

____

____

____

____

____

Das Volk begrüßt die Abreise des Königs Wilhelm I. zur Armee am 31. Juli 1870.

[1] *auch eine Provokation durch Bismarck, da er ein Telegramm veränderte („Emser Dépesche")*

Das preußische Militär (II)

Auch im 19. Jahrhundert besaß das Militär für Preußen eine große Bedeutung und war ein „Stützpfeiler" für die jeweilige Staatsführung. Im Jahr 1806 verfügte Preußen über etwa 240.000 Soldaten. Aufgrund der militärischen Niederlage gegen Frankreich musste Preußen gemäß dem Friedensvertrag von Tilsit (1807) die Zahl der Soldaten erheblich verringern auf ca. 43.000 Mann. Daher verkürzte Preußen die Ausbildungszeiten für Soldaten.

Carl von Clausewitz

Während der Befreiungskriege gegen die napoleonische Herrschaft (1813-1815) führte Preußen im Staat die allgemeine Wehrpflicht ein. Betrug die militärische Stärke Preußens im Jahr 1815 noch fast 360.000 Mann, so wurde die Anzahl der preußischen Soldaten nach dem Ende der napoleonischen Herrschaft 1816 auf ungefähr 150.000 verkleinert.

In Preußen lag der Anteil der Ausgaben für das Militär im Zeitraum 1820-1840 je Jahr zwischen 30 und 40 Prozent des Staatshaushaltes. Das Militär diente dazu, die Herrschaft und Macht zu sichern (siehe Niederschlagung der deutschen Revolution von 1848/1849) bzw. auszuweiten. Vom preußischen General und Militärschriftsteller Carl von Clausewitz (1780-1831) stammt das Zitat:

„Der Krieg ist eine (bloße) Fortsetzung der Politik mit anderen Mitteln."

Die Völkerschlacht bei Leipzig vom 16. bis 19. Oktober 1813 war die entscheidende Schlacht der Befreiungskriege.

GESCHICHTE PREUSSENS
Klar strukturierte Arbeitsblätter für einen informativen Überblick – Bestell-Nr. 13 039

Das preußische Militär (II)

Zur Durchsetzung politischer Ziele erhöhte Preußen ab Ende der fünfziger Jahre des 19. Jahrhunderts die Zahl seiner Soldaten.

Preußen besaß …

im Jahr 1859 ≈ 150.000 Soldaten,
im Jahr 1861 ≈ 210.000 Soldaten,
im Jahr 1867 ≈ 264.000 Soldaten,
im Jahr 1870 ≈ 313.000 Soldaten.

Die Ausrüstung der preußischen Soldaten wurde modernisiert, die Ausbildung praxisorientierter gestaltet und damit die Kampfkraft der Waffenträger gesteigert. Diese Dinge trugen wesentlich zu den Kriegssiegen über Dänemark (1864), Österreich (1866) und Frankreich (1870/1871) bei. Strategie war dabei, lange Kriege/Kämpfe durch schnelle, überraschende, entscheidende Angriffe möglichst zu vermeiden.

Aufgabe: *Beantworte die vier Fragen zum Text in eigenen ganzen Sätzen.*

a) *Wie bewertest du den Stellenwert des Militärs in Preußen?*

b) *Was hältst du von der damaligen Einführung der allgemeinen Wehrpflicht in Preußen?*

c) *Was meinst du zum Zitat des preußischen Generals und Militärschriftstellers Carl von Clausewitz („Der Krieg ist eine [bloße] Fortsetzung der Politik mit anderen Mitteln.“)?*

d) *Wie ist deine Meinung in Bezug auf das heutige Führen von Kriegen?*

Preußen – (auch) ein Land der Kultur

Preußen nur darauf zu reduzieren, ein Obrigkeits- und Militärstaat gewesen zu sein, ist nicht angemessen, wird der Wirklichkeit nicht gerecht. Preußen war ebenfalls ein Land der Kultur. Der Begriff Kultur im umfassenden Sinne beinhaltet alle schöpferischen Leistungen der Menschen. (lat. *cultura* = Bebauung, Bearbeitung, Pflege, Verehrung)

Schon 1696 wurde im Kurfürstentum Brandenburg die Akademie für Künste gegründet. Im Jahr 1700 entstand die Kurfürstlich Brandenburgische Societät[1] der Wissenschaften, aus der später (um 1812) die Akademie[2] der Wissenschaften hervorging. 1817 kam es zur Gründung des Preußischen Ministeriums der geistigen, Unterrichts- und Medizinalangelegenheiten …

Aus Preußen stammten bzw. dort wirkten so manche namhafte Schriftsteller (= Dichter), Architekten, Maler, Mediziner, Wissenschaftler …

Beispiele:

- Joseph Freiherr von Eichendorff (1788-1857);
- Carl Gotthard Langhans (1732-1808);
- Adolph von Menzel (1815-1905);
- Rudolf Virchow (1821-1902);
- F. W. H. Alexander Freiherr von Humboldt (1769-1859);
- …

Aufgabe 1: *Informiere dich über die genannten 5 Personen im Internet und ordne sie den Abbildungen auf Seite 36 zu.*

Aufgabe 2: *Suche dir eine oder zwei der Personen aus, informiere dich genauer über sie und schreibe ca. 10 selbst formulierte Sätze über die jeweils ausgesuchte(n) Person(en) auf.*

[1] *Societät/Sozietät = Gesellschaft, Genossenschaft, societas (lat.) = Gemeinschaft, Verbindung*
[2] *Akademie = Vereinigung, Institution zur Förderung von Kultur, Wissenschaften …*
Akademie = die von Platon um 385 v. Chr. gegründete Philosophenschule, benannt nach dem in der Nähe gelegenen Heiligtum des altgriech. Helden Akademos

Preußen – (auch) ein Land der Kultur

Aufgabe 1: *(Fortsetzung)*

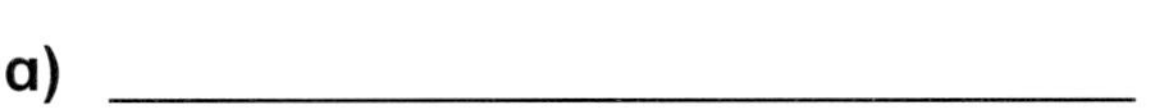

a) ______________________________

b) ______________________________

c) ______________________________

d) ______________________________

e) ______________________________

Wirtschaft

Aufgabe: *Setze in den folgenden Sätzen jeweils ein passendes Wort als Satzanfang ein. (Lösungshilfe unten)*

1. __________ Verlauf des 19. Jahrhunderts gab es in Preußen große wirtschaftliche Veränderungen.
2. __________ ca. 1830 wurde Preußen von der Industrialisierung erfasst, die sich danach ausbreitete.
3. __________ Preußen bildete sich die Schwerindustrie heraus, deren Triebkräfte Steinkohle und Eisen(erz) waren, in den Regionen Saargebiet, Ruhrgebiet sowie Oberschlesien.
4. __________ die Textilindustrie gewann an Bedeutung.
5. __________ das Jahr 1865 sollen in Preußen nur noch etwa 50 % der Erwerbstätigen in der Landwirtschaft gearbeitet haben.
6. __________ bestanden in Preußen aber weiterhin großflächige Gebiete, in denen eindeutig die Landwirtschaft dominierte: Ostpreußen, Westpreußen, Pommern ...
7. ____________ Potsdam und Zehlendorf wurde im Jahr 1838 die erste Eisenbahnstrecke in Preußen eröffnet.
8. __________ wurde das Eisenbahnnetz in Preußen wie überhaupt im Bereich des Deutschen Bundes ausgebaut.
9. __________ Eisenbahnnetz ermöglichte u. a., Waren in größeren Mengen schneller zu transportieren als davor und förderte damit die Wirtschaft.
10. _____________ nutzte Preußen das Eisenbahnnetz dazu, Soldaten in Kriegen (1864, 1866, 1870/1871) rasch zu Einsatzorten zu transportieren.
11. __________ der Führung von Preußen war bereits 1834 der Deutsche Zollverein entstanden, bestehend aus verschiedenen Einzelstaaten des Deutschen Bundes.
12. __________ Deutschen Zollverein schlossen sich schon kurz darauf weitere Einzelstaaten des Deutschen Bundes an.
13. __________ Deutsche Zollverein trug zur Förderung des Handelsverkehrs bei.
14. __________ zum Jahr 1871 existierte der Deutsche Zollverein, dann wurde Deutschland durch die Gründung des Deutschen Kaiserreichs auch eine Wirtschaftseinheit.
15. _____________ war die Industrialisierung in Preußen ebenfalls mit einer Landflucht, d. h. Menschen zogen zunehmend in Städte, wodurch dort die Einwohnerzahl stieg.

Lösungshilfe: als Satzanfang einsetzbare Wörter in alphabetischer Reihenfolge:
Ab – Auch – Bis – Danach – Das – Dem – Der – Es – Im – In –
Militärisch – Um – Unter – Verbunden – Zwischen

GESCHICHTE PREUSSENS
Klar strukturierte Arbeitsblätter für einen informativen Überblick – Bestell-Nr. 13 039

Preußische Symbole (= Erkennungszeichen)

Aufgabe 1: **a)** *Verbinde jeweils per Linie Satzanfang und passendes Satzende. Schreibe vor das Satzende die Nr. vom Satzanfang.*

Nr.	Satzanfänge
1	Schwarz und Weiß bildeten
2	Diese lassen sich zurückführen auf die
3	Zum preußischen Wappentier
4	Der Adler soll vom Reichsadler des Heiligen Römischen
5	Zum preußischen Wappen besteht
6	Er heißt: „Suum cuique (lat.) =
7	Ebenfalls als ein preußisches Symbol
8	Auf Anordnung des preußischen Königs Friedrich Wilhelm IV.
9	Die „Pickelhaube“ war dafür bestimmt,
10	Lange Zeit trugen auch u. a. Polizisten

Nr.	Satzenden
	Jedem das Seine!“
	wurde der Helm mit Spitze 1843 als Kopfbedeckung für Soldaten eingeführt.
	Farben im Wappen des Herrscherhauses Hohenzollern.
	und Zollbedienstete die „Pickelhaube“.
	Reiches Deutscher Nation übernommen worden sein.
	wurde der Adler.
	Schläge darauf abzulenken.
	gilt die „Pickelhaube“ (= Helm mit Spitze).
	traditionell die Landesfarben Preußens.
	ein Wappenspruch.

Preußische Landesflagge bis 1918 mit dem Wappen des 1701 entstandenen Königreiches mit dem Monogramm FR für Friedericus Rex

Hohenzollern-Wappen

Preußische Symbole (= Erkennungszeichen)

EA **Aufgabe**: **b)** *Schreibe jetzt die 10 Sätze in der genannten Reihenfolge vollständig auf.*

Chilenische Präsidentengarde (Grenadiere zu Pferd) in ihren seit 2011 erneut verwendeten klassischen preußischen Dragoneruniformen mit „Pickelhaube"

Großes Wappen Preußens um 1873

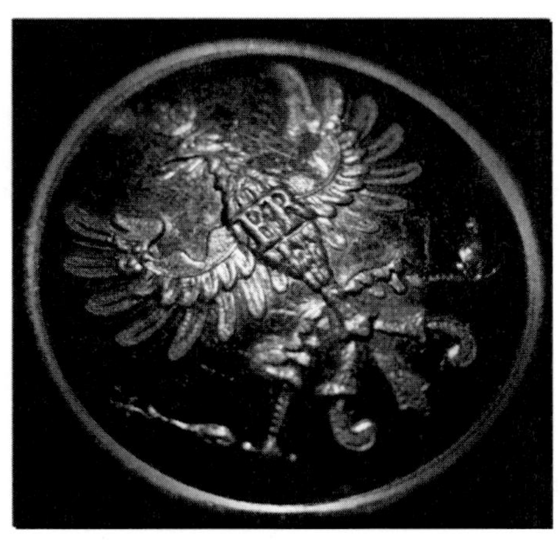

Offiziersknopf (FR = Friedericus Rex)

Geschichte live (18.01.1871)

Es ist der 18. Januar 1871 – ein Mittwoch: Preußische und mit ihnen verbündete Truppen belagern im Deutsch-Französischen Krieg die Hauptstadt Paris. Nicht weit von Paris entfernt – und zwar im und vor dem Spiegelsaal des Schlosses Versailles, das der französische Herrscher Ludwig XIV. (1638-1715) hat erbauen lassen, versammeln sich fast 1400 Personen. Bei diesen Personen handelt es sich um ranghohe Vertreter deutscher Herrscherhäuser, viele Generäle und Offiziere des Militärs, hohe Amtsträger von Behörden ... Aber Volksvertreter sind nicht dabei, auch keine Frauen.

Im Spiegelsaal des Schlosses Versailles findet – geleitet von einem Militärpastor – zunächst ein Gottesdienst statt, der mit dem Singen des evangelischen Kirchenliedes „Nun danket alle Gott“ endet. Im Anschluss ergreift Otto von Bismarck das Wort, er verliest die Proklamation (= öffentliche Bekanntmachung) des preußischen Königs Wilhelm I. zum (deutschen) Kaiser (vgl. Kap. „An das deutsche Volk“). Später ruft der Großherzog von Baden (Friedrich I.) laut aus: „Seine Kaiserliche und Königliche Majestät, Kaiser Wilhelm lebe hoch! Hoch! Hoch!“

Die direkt vor Ort Anwesenden lassen ebenfalls mehrmals durch Rufe den König und Kaiser Wilhelm I. hochleben. Dies tun auch die Soldaten, die außerhalb des Schlosses im Park Aufstellung genommen haben. Die Kaiserproklamation erfolgt auf den Tag genau 170 Jahre nach der Proklamation des 1. preußischen Königs in Königsberg/Ostpreußen.

EA **Aufgabe**: *Übertrage schriftlich den Text aus der Gegenwart in die Vergangenheit.*

An das deutsche Volk!

An das deutsche Volk!
Wir, Wilhelm,
von Gottes Gnaden König von Preußen,

nachdem die deutschen Fürsten und Freien Städte den einmütigen Ruf an Uns gerichtet haben, mit Herstellung des Deutschen Reiches die seit mehr denn sechzig Jahren ruhende deutsche Kaiserwürde zu erneuern und zu übernehmen, und nachdem in der Verfassung des Deutschen Bundes die entsprechenden Bestimmungen vorgesehen sind, bekunden hiermit, dass Wir es als eine Pflicht gegen das gemeinsame Vaterland betrachtet haben, diesem Rufe der verbündeten deutschen Fürsten und Städte Folge zu leisten und die deutsche Kaiserwürde anzunehmen. Demgemäß werden Wir und Unsere Nachfolger an der Krone Preußen fortan den kaiserlichen Titel in allen unsern Beziehungen und Angelegenheiten des Deutschen Reiches führen und hoffen zu Gott, dass es der deutschen Nation gegeben sein werde, unter dem Wahrzeichen ihrer alten Herrlichkeit das Vaterland einer segensreichen Zukunft entgegenzuführen. Wir übernehmen die kaiserliche Würde in dem Bewusstsein der Pflicht, in deutscher Treue die Rechte des Reiches und seiner Glieder zu schützen, den Frieden zu wahren, die Unabhängigkeit Deutschlands, gestützt auf die geeinte Kraft seines Volkes, zu verteidigen. Wir nehmen sie an in der Hoffnung, dass dem deutschen Volke vergönnt sein wird, den Lohn seiner heißen und opfermütigen Kämpfe in dauerndem Frieden und innerhalb der Grenzen zu genießen, welche dem Vaterlande die seit Jahrhunderten entbehrte Sicherung gegen erneute Angriffe Frankreichs gewähren. Uns aber und Unsern Nachfolgern an der Kaiserkrone wolle Gott verleihen, allzeit Mehrer des Deutschen Reiches zu sein, nicht an kriegerischen Eroberungen, sondern an den Gütern und Gaben des Friedens auf dem Gebiete nationaler Wohlfahrt, Freiheit und Gesittung.

Gegeben im Hauptquartier Versailles, den 18. Jan. (1871)
Wilhelm [1]

Aufgabe: a) *Fasse den Inhalt des oberen Schreibens in eigenen Sätzen auf einem Extrablatt zusammen.*

b) *Wie beurteilst du das obere Schreiben?*

[1] aus: Rosemarie Wildermuth: Als das Gestern heute war, 1789-1949; München 1981; S. 108

Vom Norddeutschen Bund zum Deutschen Kaiserreich

Durch den Beitritt der 3 süddeutschen Staaten (Großherzogtum Baden, Königreich Württemberg, Königreich Bayern) entstand aus dem Norddeutschen Bund das Deutsche Kaiserreich. Bayern war erst zu diesem Beitritt bereit, nachdem Bismarck dem bayerischen König (Ludwig II.) Geldzahlungen zugesichert hatte. Auch wurden Bayern ebenso wie Württemberg gewisse Sonder-/Hoheitsrechte (u. a. im Postwesen, in der Eisenbahnverwaltung, im Militärwesen) gewährt.

Der bayerischen König Ludwig II. investierte Geld u. a. in Schlösser.

Offiziell bestand das Deutsche Kaiserreich ab dem 01. Januar 1871. Kaiser dieses Reiches wurde bekanntlich der preußische König Wilhelm I. (= Kaiser Wilhelm I.). Bismarck übernahm im Deutschen Kaiserreich das Amt des Reichskanzlers; zugleich war Bismarck auch weiterhin preußischer Ministerpräsident und Außenminister. Aus dem Deutsch-Französischen Krieg ging Deutschland im Jahr 1871 als Sieger hervor. Mit Frankreich schloss Deutschland am 26.02.1871 den Vorfrieden von Versailles. Entsprechend dem am 10.05.1871 in Frankfurt/Main unterzeichneten endgültigen Friedensvertrag hatte Frankreich an Deutschland Elsass-Lothringen abzutreten sowie 5 Milliarden Francs als Kriegsentschädigung zu zahlen.

Vom Norddeutschen Bund zum Deutschen Kaiserreich

Ab 1871 umfasste das Deutsche Kaiserreich 25 Bundesstaaten, nämlich:

- 22 Monarchien (4 Königreiche, 6 Großherzogtümer, 5 Herzogtümer, 7 Fürstentümer),
- 3 freie Städte (Hamburg, Bremen, Lübeck)
- und das Reichsland Elsass-Lothringen

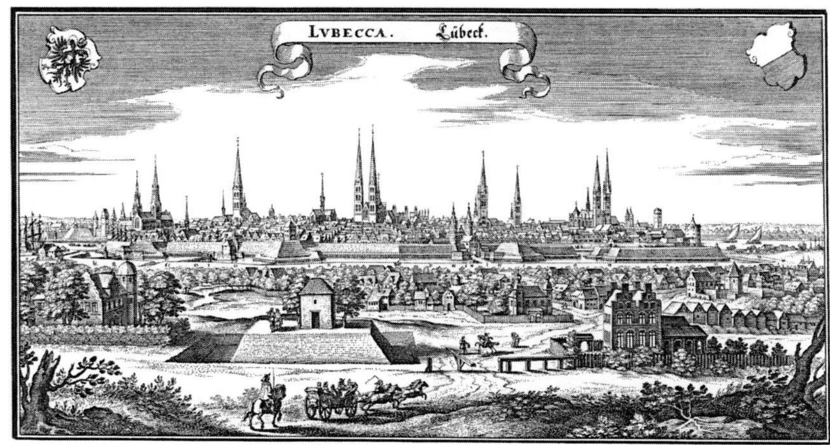

Die Flächengröße des Deutschen Kaiserreiches betrug ab 1871 insgesamt über 540.800 km². Mit einer Flächengröße von mehr als 348.700 km² war das Königreich Preußen der bei Weitem flächengrößte deutsche Bundesstaat.

Aufgabe: *Vervollständige die folgenden Aussagen.* 

1. Diese 3 süddeutschen Staaten schlossen sich nachträglich dem Norddeutschen Bund an, aus dem das Deutsche Kaiserreich hervorging: ____________________
____
2. Er erhielt von Bismarck Geld zugesichert: ____________________
3. Seit jenem Tag existierte das Deutsche Kaiserreich offiziell: ____________________
4. Das wurde Bismarck im Deutschen Kaiserreich: ____________________
5. In dieser Stadt wurde 1871 der Friedensvertrag zwischen Deutschland und Frankreich unterzeichnet: ____________________
6. Frankreich musste aufgrund des verlorenen Krieges dieses Gebiet an Deutschland abgeben: ____________________
7. Als was hatte Frankreich an Deutschland 5 Milliarden Francs zu zahlen:
____
8. Aus so vielen Bundesstaaten bestand das Deutsche Kaiserreich ab 1871: ________
9. Davon gab es im Deutschen Kaiserreich vier: ____________________
____
10. Etwa so viel Prozent betrug der Anteil der Fläche des Königreiches Preußen an der Gesamtfläche des Deutschen Kaiserreiches: ____________________

(Berechnung: ____)

Das Deutsche Reich 1871 nach dem Deutsch-Französischen Krieg

Preußen und das Deutsche Kaiserreich

Die Gründung des Deutschen Kaiserreiches erfolgte „von oben“, ging 1870/1871 nicht vom Volk aus, obwohl es im Volk durchaus nationale Bestrebungen gab. Wesentlich wurde die Reichsgründung von Preußen aus arrangiert, insbesondere von Bismarck. Zwar war Preußen im Deutschen Kaiserreich „nur“ einer von insgesamt 25 Bundesstaaten, aber es hatte eine dominierende Stellung inne. Der Kaiser besaß die meiste Macht im Deutschen Kaiserreich. Festgelegt durch die ab 1871 geltende Verfassung durfte der Kaiser den Reichskanzler ernennen und entlassen, den Reichstag einberufen sowie auflösen; ferner hatte der Kaiser den Oberbefehl über das Militär. Der Titel und das Amt des deutschen Kaisers waren gebunden an den preußischen König und wurden vererbt an den jeweiligen Nachfolger aus dem Herrscherhaus Hohenzollern.

Als zweitmächtigste Person amtierte im Deutschen Kaiserreich der Reichskanzler. Der Reichkanzler war lediglich vom Vertrauen des Kaisers abhängig und besaß den Vorsitz im Bundesrat (= Vertretung der 25 Bundesstaaten). Auch leitete der Reichskanzler die Reichsverwaltung. Neben dem Bundesrat existierte der Reichstag. Er setzte sich aus gewählten Volksvertretern zusammen. Zur Wahl der Abgeordneten für den Reichstag waren Männer ab dem Alter von 25 Jahren zugelassen. Der Reichstag sowie der Bundesrat entschieden über Gesetze, Steuern und den Haushalt des Deutschen Reiches. Aufgrund der Flächengröße und Einwohnerzahl war Preußen im Bundesrat und im Reichstag durch (weitaus) mehr Abgeordnete als jeder andere damalige deutsche Bundesstaat vertreten.

Die ersten Briefmarken des Deutschen Kaiserreichs von 1872 mit dem Adler mit Brustschild als neuem Prägezeichen

Preußen und das Deutsche Kaiserreich

Flagge und Wappen des Deutschen Kaiserreichs

Die preußische Hauptstadt Berlin wurde auch die Hauptstadt des Deutschen Kaiserreiches. Die Flagge des Deutschen Kaiserreiches erhielt die Farben Schwarz, Weiß und Rot, nicht die Farbenzusammensetzung Schwarz-Rot-Gold (= Gelb), die sich auf den Fahnen der deutschen Revolutionäre von 1848/1849 befunden hatte. Schwarz sowie Weiß waren die traditionellen Farben Preußens, Rot die der 3 Hansestädte Hamburg, Bremen und Lübeck. Die Verfassung des Deutschen Kaiserreiches (ab 1871) enthielt keine Grundrechte der Bürger. Die Grundrechte der Bürger waren jedoch oder wurden in den einzelnen Verfassungen der 25 Bundesstaaten verankert.

Aufgabe: *Du hast den vorherigen Text gelesen. Was kannst du nun zum Thema „Preußen und das Deutsche Kaiserreich“ sagen? Formuliere schriftlich eigene Sätze.*

Test 2

1. Nenne 2 Beispiele für preußische Reformen ab 1807.

2. Der 1815 gegründete Deutsche Bund – was war das?

3. Führe 2 wesentliche Zielsetzungen der Deutschen Revolutionäre von 1848/1849 an.

4. Welches Angebot lehnte der preußische König Friedrich Wilhelm IV. im April 1849 ab?

5. Inwiefern war die preußische Verfassung von 1850 eine Verfassung „von oben"?

Karikatur zu Kleinstaaterei in Deutschland

Test 2

6. Was wurde Bismarck 1862 in Preußen?

7. Welche Kriege fanden 1864, 1866 bzw. 1870/1871 statt?

8. Wer war gemäß der Verfassung von 1871 die mächtigste Person in Deutschland, wer die zweitmächtigste Person?

9. Welche Personen bekamen ab 1871 in Deutschland das Recht, die Abgeordneten des Reichstages zu wählen?

10. Welche 3 Farben wies die Flagge des im Jahr 1871 gegründeten Deutschen Kaiserreiches auf?

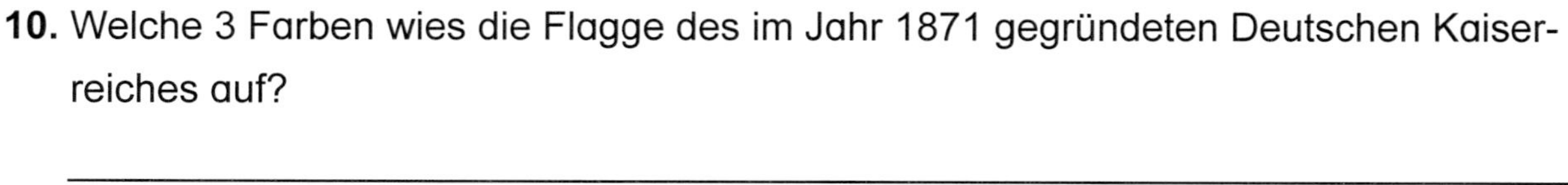

Proklamation des preußischen Königs Wilhelm I. am 18. Januar 1871 zum Deutschen Kaiser im Spiegelsaal von Versailles

1871-1890

Ebenfalls wie das Königreich Preußen war das ab 1871 bestehende Deutsche Kaiserreich ein Obrigkeitsstaat, d. h. die Staatsführung war verfassungsmäßig nicht absetzbar, nicht abwählbar. Die Staatsführung hatte die Zielsetzung, die Herrschaftsordnung zu bewahren. Dennoch kann man beim Deutschen Kaiserreich nicht von einer Diktatur sprechen, aber auch nicht von einer (wirklichen) Demokratie, auch wenn sich der entstandene Reichstag aus vom Volk gewählten Abgeordneten zusammensetzte. Wahlberechtigt waren übrigens lediglich die Männer.

Bürger, die nach (mehr) Freiheit und Demokratie strebten, hatten es im Deutschen Reich schwer, besonders in Preußen; sie stießen auf Ablehnung und Widerstand der Herrschenden (u. a. von Adligen, Gutsbesitzern, Großbürgern ...)

EA **Aufgabe**: *Inwiefern war das ab dem Jahr 1871 bestehende Deutsche Kaiserreich ein Obrigkeitsstaat?*

Von 1871-1890 wirkte Bismarck wesentlich in der Politik – und zwar im Deutschen Kaiserreich als Reichskanzler, im Königreich Preußen als Ministerpräsident und Außenminister. Der Kaiser des Deutschen Reiches (= Wilhelm I.) erhob Bismarck aufgrund bisheriger Leistungen im März 1871 in den Fürstenstand und schenkte ihm das Staatsgut Friedrichsruh einschließlich dem Sachsenwald – gelegen in der Nähe von Hamburg. Bismarck, dem der Kaiser Wilhelm I. Freiraum ließ, vertrat in erster Linie eine konservative Grundeinstellung.

Der Reichskanzler war aber imstande, seine Politik an die veränderten Entwicklungen bzw. Situationen anzupassen und auch Neues einzuführen. Bezogen auf die Außenpolitik äußerte Bismarck, dass das Deutsche Reich „saturiert“[1] (= zufriedengestellt) sei und keine Gebietserweiterungen anstreben würde. Bismarck baute ein Bündnissystem mit Österreich-Ungarn, Italien, Rumänien und Russland als deutschen Bündnispartnern auf, um den Erzfeind Frankreich zu isolieren. Jedoch ließ sich Bismarck dazu bewegen, dass Deutschland ab Mitte der achtziger Jahre des 19. Jahrhunderts Kolonien (= offiziell Schutzgebiete genannt) in Afrika und Ozeanien erwarb.

[1] *saturare (lat.) = sättigen*

1871-1890

Im sogenannten Kulturkampf (1871-1878) versuchte Bismarck, den Einfluss der katholischen Kirche zurückzudrängen. Bismarck ließ die geistliche Schulaufsicht aufheben und führte die staatliche Schulaufsicht sowie die Zivilehe ein. Zivilehe bedeutet: Die rechtsgültige Ehe wird nicht in der Kirche, sondern im Standesamt geschlossen. Ab 1883 erfolgte durch Bismarck die Sozialgesetzgebung: Krankenversicherung (1883), Unfallversicherung (1884), Alters- und Invalidenversicherung (1889). Nach zwei Attentaten[1] auf Kaiser Wilhelm I. brachte Bismarck 1878 das Sozialistengesetz auf den Weg, das sozialistische Vereinigungen für aufgelöst erklärte und die Öffentlichkeitsarbeit von Sozialisten sowie Sozialdemokraten verbot – ein Gesetz, das bis 1890 bestand.

Der Lotse geht von Bord.

Im Jahr 1888 verstarb Kaiser Wilhelm I. (1797-1888) in hohem Alter. Nachfolger wurde sein Sohn Friedrich III. (1831-1888), dessen Leben aber schon nach 99-tägiger Herrschaft aufgrund einer Krebserkrankung endete. Nunmehr übernahm Wilhelm II. (1859-1941), der Sohn von Friedrich III., die Herrschaft im Deutschen Kaiserreich und in Preußen. Nach zunehmenden Differenzen mit dem Kaiser und König Wilhelm II. sah sich Bismarck gezwungen, seinen Rücktritt als Reichskanzler sowie als preußischer Ministerpräsident und Außenminister einzureichen.

Aufgabe: *Beantworte die Fragen auf einem Extrablatt.*

a) *Was war deiner Meinung nach positives Verhalten von Bismarck?*

____

____

____

____

b) *Was war deiner Meinung nach negatives Verhalten von Bismarck?*

____

____

____

____

[1] *Bismarck machte fälschlicherweise Sozialdemokraten und Sozialisten für die Attentate (mit)verantwortlich.*

1891-1911

Aufgabe: *Setze in den nachfolgenden Sätzen passende Verben ein. (Lösungshilfe unten)*

1. Nach dem Abtritt von Bismarck im Jahr 1890 _______________ der Kaiser und König Wilhelm II. in zunehmendem Maße wesentlich die Politik in Deutschland.
2. Der oft überheblich, forsch auftretende Herrscher _______________ eine Politik, die das Ziel hatte, Deutschland müsse noch mächtiger, ja eine Weltmacht werden.
3. Auch sich selbst _______________ Wilhelm II. für besonders wichtig, Protzen war angesagt.
4. Er _______________ Aussprüche von sich zu geben wie z. B.: „Zum Großen sind wir bestimmt, und herrlichen Tagen führe ich euch noch entgegen."
5. Besonderen Wert _______________ Wilhelm II. auf das Militär, das in Deutschland – ganz besonders in Preußen – ohnehin schon einen großen Stellenwert und hohes Ansehen in der Gesellschaft hatte.
6. Nach dem 1. Flottengesetz (1898) sowie 2. Flottengesetz (1900) wurde in Deutschland die Flotte (= Marine) erheblich _______________.

Großadmiral Alfred von Tirpitz

Der Matrosenanzug erfreute sich großer Beliebtheit.

7. Die Heeresstärke Deutschlands _______________ von ca. 507.000 Soldaten (im Jahr 1891) auf rund 617.000 Soldaten (im Jahr 1911) zu.
8. Im Zeitraum von 1890-1910 _______________ die Einwohnerzahl des Deutschen Kaiserreiches von etwa 50 Millionen auf beinahe 65 Millionen, die Einwohnerzahl des Königreiches Preußen von ungefähr 30 Millionen auf über 40 Millionen.
9. In Deutschland _______________ die Industrialisierung weiter voran, u. a. die Elektroindustrie, optische Industrie und chemische Industrie.
10. Deutschland _______________ sich sowohl in der Wirtschaft als auch der Technik zu einem führenden Staat, ohne dass dies ein Verdienst von Wilhelm II. war.

Lösungshilfe: einsetzbare Verben in alphabetischer Reihenfolge:
betrieb – bestimmte – entwickelte – erweitert – hielt – legte – nahm – pflegte – schritt – stieg

1912-1918

Aufgabe: **a)** *Ordne die anschließenden 10 Sätze in zeitlicher Reihenfolge. Welcher Satz sollte an 1. Stelle stehen, welcher an 2. Stelle, welcher an 3. Stelle usw.? Schreibe dementsprechend jeweils eine der Zahlen von 1-10 vor jeden Satz.*

	Der Krieg endete 1918 mit dem Sieg der Alliierten.
	Ende Juli 1914 brach der 1. Weltkrieg aus, der mit der Kriegserklärung von Österreich-Ungarn an Serbien begann.
	Deutschland wie auch andere Staaten (Russland, Frankreich, Großbritannien, Österreich-Ungarn …) rüsteten mehr und mehr auf.
	Nach Ausbruch der Novemberrevolution 1918 in Deutschland wurde Wilhelm II. gezwungen, als deutscher Kaiser und preußischer König abzudanken.
	Vor allem bedingt durch nationalistisches Denken und imperialistische[1] Interessen nahmen nach der Jahrhundertwende die Spannungen zwischen Staaten noch weiter zu.
	Auslöser für den 1. Weltkrieg war die Ermordung des österreichischen Thronfolgers Franz Ferdinand und seiner Ehefrau Sophie durch einen Attentäter – höchstwahrscheinlich im Auftrag einer serbischen Untergrundorganisation.
	Im Gegensatz zum Bündnissystem von Bismarck war Frankreich nun nicht mehr isoliert, sondern inzwischen mit Russland und Großbritannien verbündet.
	Im Jahr 1917 traten die USA auf der Seite der Alliierten in den 1. Weltkrieg ein.
	Dagegen stand Deutschland fest auf der Seite von Österreich-Ungarn und garantierte der Doppelmonarchie die Unterstützung.
	Im 1. Weltkrieg (1914-1918) kämpften die Mittelmächte (Deutschland, Österreich-Ungarn, Türkei, Bulgarien) gegen die Alliierten[2] (= Ententemächte[3]): Frankreich, Russland, Großbritannien, Japan, Italien …

b) *Schreibe nun die 10 Sätze in der zeitlichen Reihenfolge vollständig auf ein Extrablatt.*

Hinweis: Wilhelm II. setzte sich zusammen mit seiner Familie in die Niederlande ab, wo er – finanziert durch Deutschland – im Schloss Doorn bis zu seinem Tod im Jahr 1941 wohnte und lebte.

[1] *imperialistisch = Streben nach Macht sowie Erweiterung des Besitzes; imperium (lat.) = Macht, Herrschaft*
[2] *Alliierte = Verbündete; to ally (engl.) = verbinden, vereinigen*
[3] *Entente = (freundschaftliches) Bündnis; entente (franz.) = Verständigung, Einvernehmen*

Die Könige Preußens

König Friedrich I.	Sohn des brandenburgischen Kurfürsten Friedrich Wilhelm	regierte von 1701 bis 1713	
König Friedrich Wilhelm I.	Sohn des Königs Friedrich I.	regierte von 1713 bis 1740	
König Friedrich II.	Sohn des Königs Friedrich Wilhelm I.	regierte von 1740 bis 1786	
König Friedrich Wilhelm II.	Neffe des Königs Friedrich II.	regierte von 1786 bis 1797	
König Friedrich Wilhelm III.	Sohn des Königs Friedrich Wilhelm II.	regierte von 1797 bis 1840	

KOHL VERLAG
GESCHICHTE PREUSSENS
Klar strukturierte Arbeitsblätter für einen informativen Überblick – Bestell-Nr. 13 039

Die Könige Preußens

König Friedrich Wilhelm IV.	Sohn des Königs Friedrich Wilhelm III.	regierte von 1840 bis 1861	
König Wilhelm I.	Bruder des Königs Friedrich Wilhelm IV.	regierte von 1861 bis 1888 (1871-1888 auch deutscher Kaiser)	
König Friedrich III.	Sohn des Königs Wilhelm I.	regierte im Jahr 1888 (1888 auch deutscher Kaiser)	
König Wilhelm II.	Sohn des Königs Friedrich III.	regierte von 1888 bis 1918 (1888-1918 auch deutscher Kaiser)	

Aufgabe: *Was stellst du fest, wenn du die Liste der preußischen Könige betrachtest?*

Gebietsverluste Deutschlands nach dem 1. Weltkrieg

Nach dem 1. Weltkrieg musste Deutschland (= Deutsches Reich) aufgrund des Versailler Vertrages (1919) Gebiete abtreten (vgl. obere Karte).

Flächengröße Deutschlands vor dem 1. Weltkrieg:	ca. 540.900 km²
Flächengröße Deutschlands nach dem 1. Weltkrieg:	ca. 468.100 km²
Flächengröße Preußens vor dem 1. Weltkrieg:	ca. 348.800 km²
Flächengröße Preußens nach dem 1. Weltkrieg:	ca. 294.000 km²

Aufgabe: **a)** *Etwa wie viel Prozent seiner Gesamtfläche verlor Deutschland nach dem 1. Weltkrieg im Vergleich zu vor dem 1. Weltkrieg?*

____

b) *Etwa wie viel Prozent seiner Fläche verlor Preußen nach dem 1. Weltkrieg im Vergleich zu vor dem 1. Weltkrieg?*

____

GESCHICHTE PREUSSENS
Klar strukturierte Arbeitsblätter für einen informativen Überblick – Bestell-Nr. 13 039

Europa vor und nach dem Ersten Weltkrieg

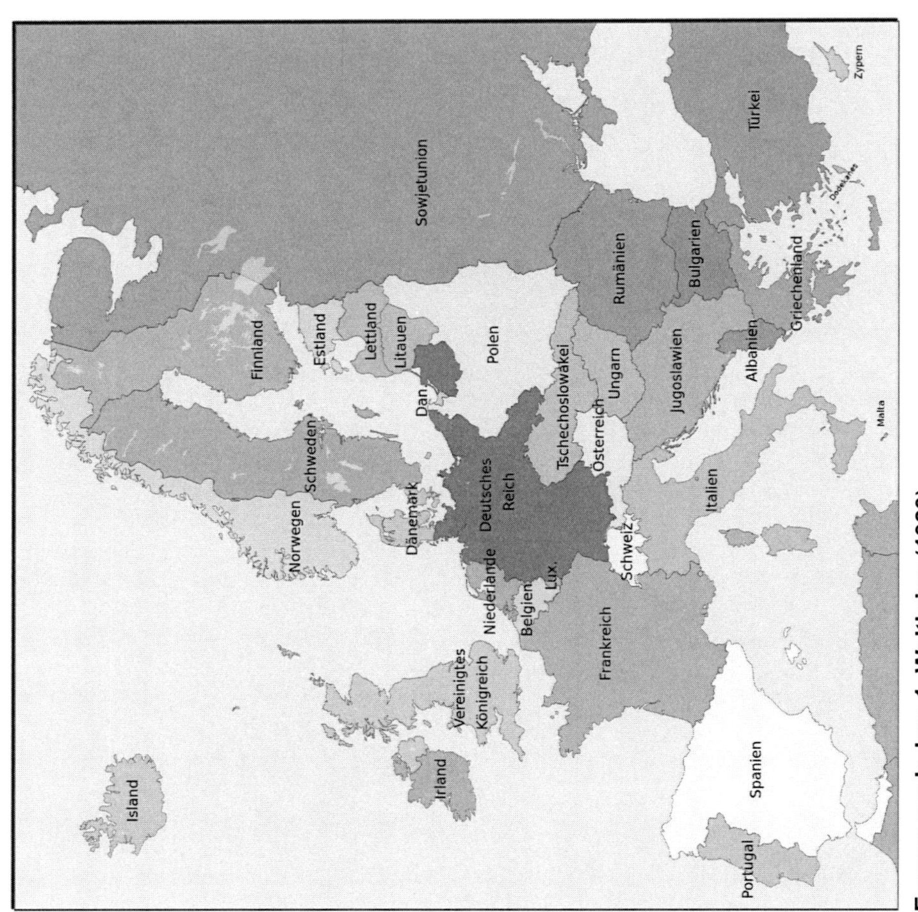

Europa nach dem 1. Weltkrieg (1929)

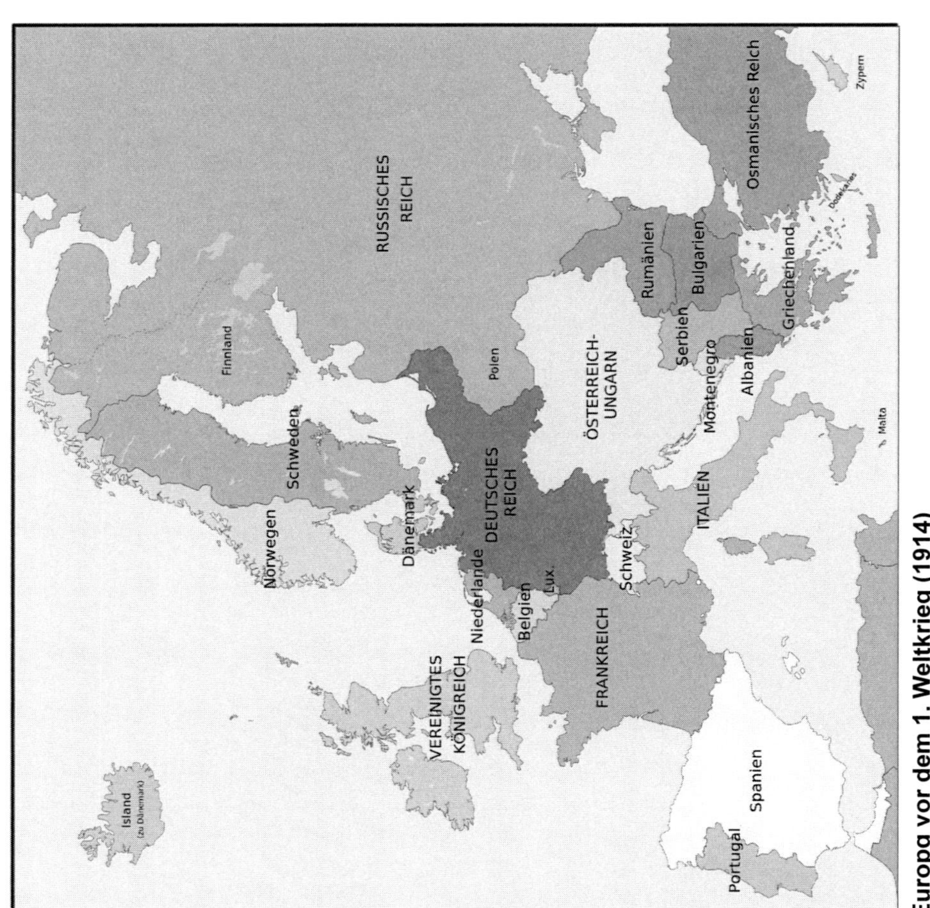

Europa vor dem 1. Weltkrieg (1914)

Die Weimarer Republik (1919-1933)

Aus dem Deutschen Kaiserreich wurde im Jahr 1919 eine Republik (= Volksstaat) – die sogenannte Weimarer Republik – benannt nach der Stadt Weimar. Aufgrund von Unruhen in der deutschen Hauptstadt Berlin kamen ab Februar 1919 die zuvor vom Volk gewählten Vertreter der verfassungsgebenden Nationalversammlung in Weimar zusammen und beschlossen Ende Juli eine zukünftige Verfassung für Deutschland.

Die Weimarer Verfassung wies Bestandteile der parlamentarischen, der direkten sowie der präsidialen Demokratie auf. Gemäß dieser Verfassung wählten Männer und Frauen ab dem Alter von 21 Jahren die Abgeordneten für den Reichstag.

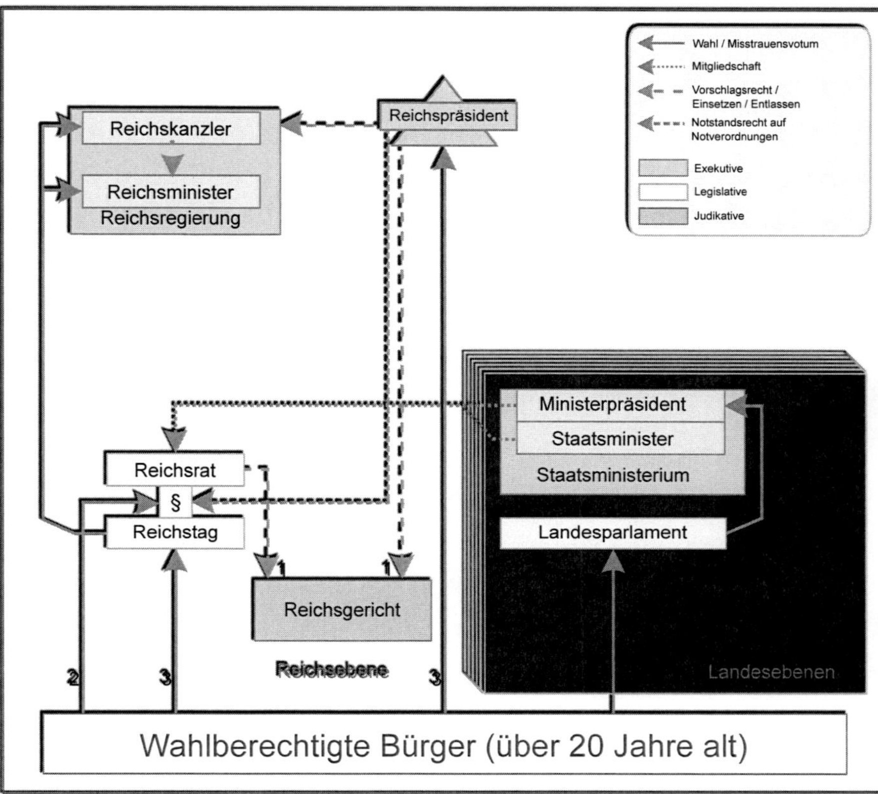

1 Der Reichspräsident ernannte die Reichsrichter auf Vorschlag des Reichsrates.

2 Ein Volksentscheid konnte durch ein Volksbegehren, das durch 10 % der Wahlberechtigten verlangt wurde, oder auf Antrag des Reichspräsidenten zustande kommen.

3 Die Wahlen waren allgemein, geheim, unmittelbar und gleich. Reichstagswahlen fanden alle 4 Jahre, Reichspräsidentenwahlen alle 7 Jahre statt.

Der Reichstag, der die gesetzgebende Gewalt ausübte, hatte die Möglichkeit, den Reichskanzler und dessen Minister (= Reichsregierung) abzuwählen, mit anderen Worten zu stürzen. An der Spitze Deutschlands (= Staatsoberhaupt) stand in der Weimarer Republik der Reichspräsident, der ebenfalls von den wahlberechtigten Männern und Frauen gewählt wurde. Der Reichspräsident nahm eine zentrale Machtstellung ein. Er besaß u. a. die Rechte, den Reichstag vorübergehend aufzulösen sowie den Reichskanzler und dessen Minister zu entlassen und zu ernennen. Ferner durfte der Reichspräsident einige dem Volk garantierte Grundrechte zeitweise aufheben in Fällen der „erheblichen Gefährdung der öffentlichen Sicherheit und Ordnung" …

Aufgabe: *Nimm auf einem Extrablatt Stellung dazu, was im vorherigen Text über die Weimarer Republik ausgesagt wird. Wie beurteilst du die Weimarer Verfassung?*

Preußen in der Weimarer Republik (1919-1933)

Mit dem Ende des Deutschen Kaiserreiches hörte auch das Königreich Preußen auf zu bestehen. Aus dem Königreich Preußen ging der Freistaat Preußen (= eine Republik) hervor – das größte der 18 bzw. später 17 Länder der Weimarer Republik (= Deutsche Republik). Im Jahr 1920 bekam Preußen eine demokratische Verfassung, in der es im Artikel 2 hieß: „Träger der Staatsgewalt ist die Gesamtheit des Volkes." Der Landtag als oberstes preußisches Parlament bildete die gesetzgebende Gewalt. Berechtigt für die Wahlen der Abgeordneten des Landtages waren Männer und Frauen ab dem Alter von 21 Jahren. Es gab in Preußen nun kein Dreiklassenwahlrecht mehr. Der Ministerpräsident bildete zusammen mit seinen Ministern die Regierung in Preußen. Anders als in der Deutschen Republik (= Weimarer Republik) sowie in anderen Ländern dieser Republik existierte in Preußen kein Staatspräsident.

Lange Zeit erwies sich Preußen als ein „Bollwerk der Demokratie". Preußen wurde nämlich während des Bestehens der Weimarer Republik über 10 Jahre lang von Politikern der Parteien SPD, Zentrum, DDP (= sogenannte „Weimarer Koalition"), vorübergehend erweitert durch Vertreter der DVP regiert:

- SPD = Sozialdemokratische Partei Deutschlands,
- DDP = Deutsche Demokratische Partei,
- DVP = Deutsche Volkspartei,
- Zentrum = Vertretung der Interessen der katholischen Bevölkerung

Doch dann setzten sich in Preußen wie überhaupt in Deutschland die Antidemokraten, u. a. konservative (= Gegner der Weimarer Republik) durch und übernahmen die Führung. Am 20.07.1932 wurde die preußische Landesregierung unter dem Ministerpräsidenten Braun (SPD) durch den Reichskanzler von Papen mit Hilfe einer Notverordnung des Reichspräsidenten von Hindenburg abgesetzt – mit der Behauptung, die preußische Landesregierung sei nicht mehr imstande, die öffentliche Ordnung zu gewährleisten.

Die Absetzung der preußischen Landesregierung am 20.07.1932 ging als sogenannter „Preußenschlag" in die Geschichte ein.

EA **Aufgabe**: *Was kannst du jetzt sagen über Preußen in der Weimarer Republik? Schreibe eigene Sätze auf.*

Vier deutsche Staatsoberhäupter – Propaganda der NSDAP

Was der König eroberte,
der Fürst formte,
der Feldmarschall verteidigte,
rettete und einigte der Soldat.

Nachstellung einer Postkarte zur Propaganda der Nationalsozialisten (vor 1933), herausgegeben von Hans vom Norden

Aufgabe 1: *Schreibe über die Bilder: Name, Funktion, Geburts- und Todesjahr der Person.*

Aufgabe 2: *Beantworte auf einem Extrablatt.*

a) *Was soll die Postkarte aussagen?*

b) *Was meinst du zu der Postkarte?*

Deutschland 1933-1945

Die Weimarer Republik (= Deutsche Republik) endete am 30.01.1933 mit der legalen[1] Ernennung des Anführers der Nationalsozialisten Hitler zum deutschen Reichskanzler durch den Reichspräsidenten von Hindenburg. Was die Nationalsozialisten danach taten, entsprach in keiner Weise den Grundsätzen von demokratischen Rechtsstaaten. Unter Hitler übernahmen die Nationalsozialisten in Deutschland immer mehr die Macht und festigten sie mit brutalen Methoden. Die Nationalsozialisten verfolgten ihre Gegner und errichteten in Deutschland eine Diktatur.

Unter anderem wurden die Länder Deutschlands gleichgeschaltet, d. h. ihre bisherigen Hoheitsrechte wurden zentral auf die nationalsozialistische Führung übertragen. Die Länderparlamente wurden aufgelöst. Preußen und die anderen deutschen Länder bestanden allenfalls noch formal. Anfang April 1933 übernahm der Reichskanzler Hitler auch das Amt des Reichsstatthalters für Preußen. Kurz darauf ernannte Hitler den Nationalsozialisten Göring zum preußischen Ministerpräsidenten und übertrug ihm die Befugnisse des Reichsstatthalters …

Zur eigenen Propaganda (= Werbung) in der Bevölkerung glorifizierten die Nationalsozialisten Preußen und verkündeten:

An das alte Preußen knüpfe der Nationalsozialismus und schaffe ein neues Deutschland.

Über 12 Jahre wüteten die Nationalsozialisten in Deutschland (von 1933-1945), außerhalb Deutschlands von 1939-1945 während des 2. Weltkrieges.

Aufgabe: *Wie beurteilst du den Nationalsozialismus? Antworte in ganzen Sätzen.*

____

____

____

____

____

____

____

[1] *legal = gesetzlich, dem Gesetz entsprechend; legalis (lat.) = gesetzmäßig*

Deutschland nach dem 2. Weltkrieg und das endgültige Ende Preußens

Aufgabe: *Setze in den folgenden Sätzen jeweils ein passendes Wort als Satzende ein. (Lösungshilfe unten)*

1. Unter der Führung von Hitler hatte Deutschland 1939 mit dem Überfall auf Polen den 2. Weltkrieg begonnen und ihn 1945 ____________________.

2. Bestimmt durch das auf der Potsdamer Konferenz (17.07.-02.08.1945) festgelegte Abkommen musste Deutschland seine östlich der Oder-Neiße-Linie gelegenen Gebiete an Polen bzw. an die Sowjetunion ____________________.

3. Im Weiteren erfolgte im Potsdamer Abkommen durch die Hauptsiegermächte des 2. Weltkrieges die Aufteilung anderer deutscher Gebiete in eine US-amerikanische, britische, französische sowie sowjetische ____________________.

4. Berlin wurde durch die Besatzungsmächte in 4 Besatzungssektoren ____________________.

5. Der in Berlin ansässige Alliierte Kontrollrat, der aus den Oberbefehlshabern der 4 Besatzungsmächte bestand, übte die Oberaufsicht in Deutschland ____________.

6. Beschlüsse des Alliierten Kontrollrates mussten einstimmig sein, um für alle 4 Besatzungszonen und Besatzungssektoren zu ______________.

7. Der Alliierte Kontrollrat vermerkte im Gesetz Nr. 46 vom 25.02.1947 und ____________________:

8. „ Der Staat Preußen, seit jeher Träger des Militarismus und der Reaktion (= Rückständigkeit) in Deutschland, hat in Wirklichkeit zu bestehen ____________________.

9. Geleitet von Interessen des Friedens und der Sicherheit der Völker und erfüllt von dem Wunsche, die weitere Wiederherstellung des politischen Lebens in Deutschland auf demokratischer Grundlage zu sichern, erlässt der Kontrollrat das folgende ______________:

10. Der Staat Preußen, seine Zentralregierung und alle nachgeordneten Behörden werden hiermit ____________________.

Lösungshilfe: als Satzende einsetzbare Wörter in alphabetischer Reihenfolge:
abtreten – aufgehört – aufgelöst – aus – Besatzungszone – beschloss – gelten – Gesetz – getrennt – verloren

KOHL VERLAG
GESCHICHTE PREUSSENS
Klar strukturierte Arbeitsblätter für einen informativen Überblick – Bestell-Nr. 13 039

Die Besatzungszonen in Deutschland nach 1945

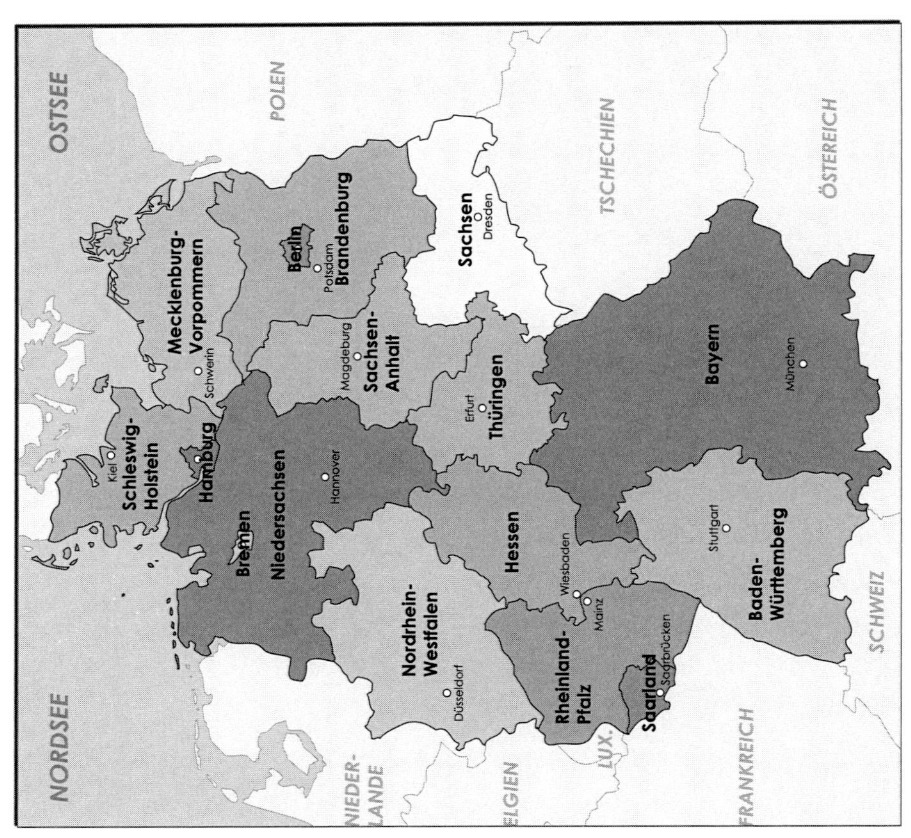

Zum Vergleich:
Die Bundesländer der BRD heute

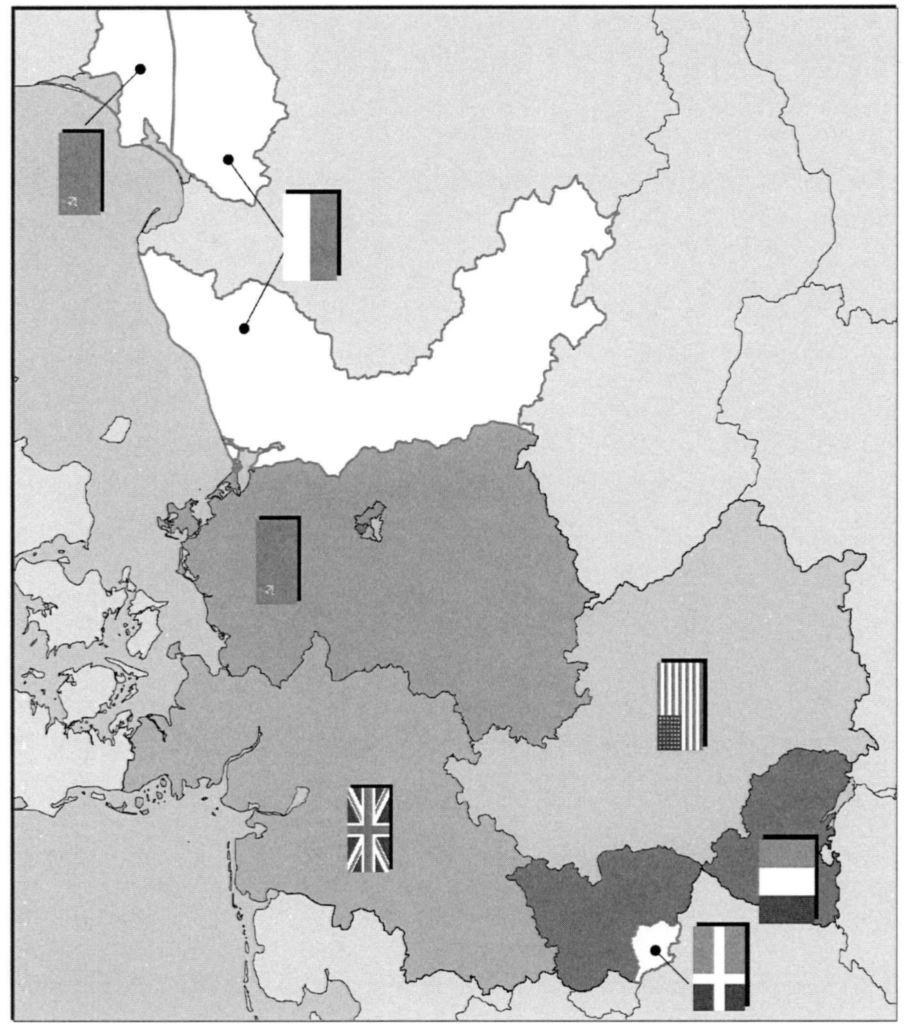

Die 4 Besatzungszonen um 1947

Preußen und Nationalsozialismus – Meinungen

Über Preußen gehen und liegen die Meinungen (weit) auseinander. Manche Kritiker sehen in Preußen sogar eine wesentliche Ursache für die Entstehung des Nationalsozialismus in Deutschland. Der Alliierte Kontrollrat führte in seinem Gesetz zur endgültigen Auflösung Preußens (25.02.1947) den Nationalsozialismus ursächlich zurück auf den preußischen Militarismus sowie auf das in Preußen gegebene alte, nicht mehr zeitgemäße politische Bestreben.

Der Nationalsozialismus habe seine Wurzeln im Preußentum gehabt.

Diese Behauptung erscheint jedoch (zu) weit hergeholt, überzogen und nicht der Wirklichkeit entsprechend. Nach Ansicht des Historikers Golo Mann (1909-1994) ist dies „zu höchstens einem Zehntel richtig und zu gut neun Zehntel falsch".

Golo Mann

Aufgabe: *Was meinst du? Hat das Preußentum ursächlich zum Nationalsozialismus beitragen? Hätte es möglicherweise ohne die Existenz Preußens den Nationalsozialismus nicht gegeben?*

___

___

___

___

___

GESCHICHTE PREUSSENS
Klar strukturierte Arbeitsblätter für einen informativen Überblick – Bestell-Nr. 13 039
KOHL VERLAG

Zeittafel zur Geschichte Preußens (I)

Aufgabe: *Ordne die folgenden Ereignisse den anschließend genannten Jahreszahlen richtig zu:*

- Befreiungskriege gegen die napoleonische Herrschaft;
- Deutsche Revolution;
- Erwerb des Kurfürstentums Brandenburg durch die fränkische Linie der Hohenzollern;
- Große Gebietserweiterungen Preußens aufgrund der 3 Teilungen Polens;
- Gründung des Herzogtums Preußen durch Albrecht von Preußen;
- Herrschaftsdauer des preußischen Königs Friedrich II. (= Friedrich der Große);
- Mitgliedschaft Preußens im gegründeten Deutschen Bund;
- Niederlage Preußens gegen Frankreich unter Napoleon I.;
- Regierungsdauer des Kurfürsten Friedrich Wilhelm von Brandenburg (= Großer Kurfürst);
- Regierungszeit des preußischen Königs Friedrich Wilhelm I. (= „Soldatenkönig“);
- Selbstkrönung des brandenburgischen Kurfürsten Friedrich III. zum König Friedrich I. in Preußen;
- Übergang des Herzogtums Preußen durch Erbschaft in den Besitz des brandenburgischen Kurfürsten.

um 1415	
1525	
1618	
1640-1688	
1701	
1713-1740	
1740-1786	
1772, 1793, 1795	
1806	
1813-1815	
ab 1815	
1848/1849	

GESCHICHTE PREUSSENS

Zeittafel zur Geschichte Preußens (II)

Aufgabe: *Ordne die folgenden Ereignisse den anschließend genannten Jahreszahlen richtig zu:*

- Auflösung Preußens durch den Alliierten Kontrollrat;
- Beginn der nationalsozialistischen Herrschaft;
- Deutsch-Dänischer Krieg;
- Deutsch-Französischer Krieg und Gründung des Deutschen Kaiserreiches;
- Drei-Kaiser-Jahr;
- Ende der nationalsozialistischen Herrschaft sowie des 2. Weltkrieges;
- Entstehung des Norddeutschen Bundes nach dem Sieg Preußens über Österreich;
- Ernennung Bismarcks zum preußischen Ministerpräsidenten und Außenminister;
- Erster Weltkrieg;
- Erzwungener Rücktritt Bismarcks durch Kaiser Wilhelm II.;
- Schaffung einer demokratischen Verfassung in Preußen;
- Weimarer Republik.

1862	
1864	
1867	
1870/1871	
1888	
1890	
1914-1918	
1919-1933	
1920	
1933	
1945	
1947	

Preußische Tugenden (= Werte)

Im Staat Preußen bildeten sich Verhaltenserwartungen heraus, die die Bürger erfüllen sollten. Diese Verhaltenserwartungen gingen in die Geschichte ein als preußische Tugenden (= Werte). Zu diesen Tugenden zähl(t)en u. a. die in der Tabelle eingetragenen.

Aufgabe: **a)** *Kreuze an, wie du diese Tugenden beurteilst.* 

	sehr gut	**gut**	**mittelmäßig**	**schlecht**	**sehr schlecht**
Disziplin					
Ehrlichkeit					
Fleiß					
Gottesfurcht					
Ordnungssinn					
Pflichtbewusstsein					
Sorgfältigkeit					
Sparsamkeit					
Zielstrebigkeit					
Zuverlässigkeit					

b) *Erkläre auf einem Extrablatt näher, was du von den Tugenden hältst.*

Zuverlässigkeit war eine Eigenschaft der Preußischen Staatseisenbahnen.

Fahrplan der Königlichen Ostbahn vom 1. August 1868

Königliche Ostbahn.

Vom 1. August d. J. ab tritt für die Lokal-Personenzüge zwischen Berlin und für die Personenzüge zwischen Cüstrin und Frankfurt a. O. der nachstehende Fahrplan i
Königliche Ostbahn. Fahrplan vom 1. August 186

Berlin-Landsberg.

Stationen.	Zug XIII. U. M.		Aufenthalt M.	Zug XXIII U. M.		Aufenthalt M.
	Abends.			Morgens		
Berlin, Abfahrt	5	30		6		
Neuenhagen	6	3	2	6	28	2
Straußberg	6	21	2	6	43	2
Müncheberg	6	57	6	7	10	2
Trebnitz	7	13	2	7	24	2
Gusow	7	30	2	7	39	2
Golzow	7	50	2	7	56	2
Cüstrin	8	15	10	8	17	8
Tamsel	8	33	1	8	34	1
Vietz	8	58	2	8	58	2
Döllens-Radung	9	12	1	9	11	1
Dühringshof	9	23	1	9	22	1
Landsberg, Ankunft	9	41		9	39	

Landsberg-Be

Stationen.	Zug XVI. U. M.	
	Morge	
Landsberg, Abfahrt	6	41
Dühringshof	7	—
Döllens-Radung	7	10
Vietz	7	25
Tamsel	7	47
Cüstrin	8	14
Golzow	8	32
Gusow	8	53
Trebnitz	9	14
Müncheberg	9	33
Straußberg	10	5
Neuenhagen	10	22
Berlin, Ankunft	10	52

Cüstrin-Frankfurt a. O.

Stationen.	Zug IV. U. M.		Aufenthalt M.	Zug VI. U. M.		Aufenthalt M.	Zug XIV. U. M.		Aufenthalt M.	Zug XX. U. M.		Aufenthalt M.
	Nachmitt.			Morgens			Vormitt.			Abends.		
Cüstrin, Abfahrt	4	8	—	4	31	—	8	19	—	8	18	—
Podelzig	4	55	10	4	52	2	8	47	2	9	5	10
Lebus	5	24	5	5	8	2	9	8	2	9	34	5
Frankfurt, Ank.	5	57	—	5	28	—	9	35	—	10	7	—

Frankfurt a. O.

Stationen.	Zug III. U. M.		Aufenthalt M.	Zug V. U. M.	
	Vormitt.			Aben	
Frankfurt, Abf.	9	53	—	11	—
Lebus	10	18	2	11	25
Podelzig	10	32	2	11	39
Cüstrin, Ankunft	10	53	—	12	—

In dem Gange der durchgehenden Züge des Haupt-Courses Berlin-Eydtk nichts geändert.
Bromberg, den 24. Juli 1868.
Königliche Direction der Ostbahn.

Vorkommen der Bezeichnung „Preußen“ in der heutigen Zeit

Auch wenn der Staat durch den Alliierten Kontrollrat im Jahr 1947 endgültig aufgelöst wurde, lebt(e) die Bezeichnung Preußen bzw. Ähnliches weiter und existiert auch heute noch. Der Name Preußen … kommt vor in:

- Ortsnamen wie z. B. Preußisch Oldendorf;
- Namen von Sport-/Fußballvereinen wie z. B. Preußen Münster oder neulateinisch ausgedrückt Borussia Mönchengladbach und Borussia Dortmund;
- Namen von Heimatvertriebenen-Verbänden wie z. B. Landsmannschaft Ostpreußen;
- Namen von Zeitungen oder Zeitschriften wie z. B. Preußische Allgemeine Zeitung;
- …

Aufgabe: *Forsche im Internet nach: Wo kommt die Bezeichnung „Preußen“ oder „Preußisch“ heutzutage sonst noch vor?*

___

___

___

___

___

Mannschaftsairbus Borussia Dortmund

Preußenstadion des SC Preußen Münster

Logo des SC Preußen Münster

Präsentation

Aufgabe: *Bereite dich allein oder zusammen mit einem Partner auf eine Präsentation zum Thema „Geschichte Preußens" vor.*

- Die Präsentation sollte etwa 20-30 Minuten dauern.
- Notiere/Notiert in Stichwörtern:
  - Was möchtest du bzw. möchtet ihr im Rahmen dieser Präsentation sagen?
  - Welche Medien sollen eingesetzt werden?
  - …

Test 3

1. Nenne 2 Staaten, mit denen Deutschland unter dem Reichskanzler Bismarck verbündet war.

2. Welche 3 Sozialgesetze wurden in den achtziger Jahren des 19. Jahrhunderts in Deutschland eingeführt?

3. Welche Zielvorstellung hatte Kaiser Wilhelm II. in Bezug auf Deutschland?

4. Wozu wurde der deutsche Kaiser und preußische König Wilhelm II. im November 1918 gezwungen?

5. Nach welchem Wahlrecht wurden in Preußen bis 1918 die Vertreter für das Abgeordnetenhaus gewählt?

Kaisers Geburtstag 1901: Die Polizeitruppe im „Schutzgebiet" (= deutsche Kolonie) Kamerun grüßt den Kaiser.

Test 3

6. Was wurde aus dem Königreich Preußen nach dem 1. Weltkrieg?

7. Wer stand in Deutschland in der Zeit der Weimarer Republik an der Spitze des Staates, war Staatsoberhaupt?

8. Was geschah im Juli 1932 mit der preußischen Landesregierung unter dem Ministerpräsidenten Braun (SPD)?

9. Wie kam es 1947 zur endgültigen Auflösung des Staates Preußen?

10. Führe 2 Beispiele an, wo die Bezeichnung Preußen heutzutage noch vorkommt.

Otto Braun, Juli 1930

Er war sowohl überzeugter sozialer Demokrat als auch Preuße. Manchmal wurde er auch „Roter Zar von Preußen" oder „Letzter König von Preußen" genannt.

Lösungen

Zur Entstehung der Bezeichnung „Preußen“ (Seite 6)

Aufgabe: Individuelle Lösungen

Preußen und Brandenburg im 17. Jahrhundert (Seite 7)

Aufgabe: **1)** ging; **2)** erworben; **3)** lag; **4)** gelangten; **5)** stieß; **6)** gelang; **7)** vereinheitlichte; **8)** veranlasste; **9)** befreit; **10)** entstand

Die Entwicklung im 18. Jahrhundert (Überblick) (Seite 9)

Aufgabe:

1. Der brandenburgische Kurfürst Friedrich III. krönte sich 1701 zum König Friedrich I. in Preußen.
2. Der brandenburgische Kurfürst Friedrich III. strebte nach Ruhm und Prunk.
3. Aus dem Herzogtum Preußen wurde 1701 das Königreich Preußen.
4. Die Bezeichnung Königreich Preußen wurde im Verlauf des 18. Jahrhunderts übertragen auf alle Gebiete unter preußischer Herrschaft.
5. Die Flächengröße Preußens wuchs vor allem aufgrund militärischer Erfolge.
6. Den preußischen König Friedrich II. nannte und nennt man ebenfalls Friedrich den Großen.
7. Während der Herrschaft Friedrichs II. vergrößerte sich die Fläche des Königreiches Preußen von ca. 119.000 km² auf etwa 195.000 km².
8. Zugleich stieg auch die Einwohnerzahl des Königreiches Preußen von ungefähr 2,4 Millionen auf rund 5 Millionen.
9. Ab 1772 hatte das Königreich Preußen großen Nutzen von den 3 polnischen Teilungen (1772, 1793, 1795).
10. Im 18. Jahrhundert stieg Preußen auf und wurde zu einer europäischen Großmacht.

Die Ausdehnung des Königreiches Preußen am Ende des 18. Jahrhunderts

Aufgabe: keine Aufgaben

Das preußische Militär (I) (Seite 11)

Aufgabe: Individuelle Lösungen

Regierungsform (Seite 12)

Aufgabe:

1. Im Kurfürstentum Brandenburg, im Herzogtum Preußen und im daraus entstandenen Königreich Preußen regierten autoritäre (= diktatorische), ja zunächst absolutistische Herrscher.
2. Absolutistische Herrschaft bedeutet, dass die Herrscher in ihrem Herrschaftsgebiet die Alleinherrschaft ausübten.
3. Die Herrscher hatten die oberste gesetzgebende, ausführende und richterliche Gewalt inne.
4. Es bestand keine Gewaltenteilung, wie von C. de Montesquieu (1689-1755), einem französischen Vertreter der Aufklärung, gefordert.
5. Die Herrschaftsweise des von 1740-1786 regierenden preußischen Königs Friedrich II. (1712-1786) ging im Nachhinein in die Geschichte unter der Bezeichnung *Aufgeklärter Absolutismus* ein.
6. Als „erster Diener des Staates“ bezeichnete sich Friedrich II. (= Friedrich der Große) selbst.
7. Er äußerte: „Alles für die Untertanen, aber nichts durch die Untertanen.“
8. In jedem Fall hielt der preußische König Friedrich II. weiterhin am Absolutismus fest.
9. Jedoch gewährte Friedrich II. dem Volk drei aus der Aufklärung hervorgegangene Menschenrechte.
10. Diese waren das Recht aller auf Glaubensfreiheit, das Recht aller auf Gleichheit vor dem Gesetz und das Recht aller auf Bildung.

Lösungen

Natur, Besiedlung und Wirtschaft (Seite 13)

Aufgabe: Individuelle Lösungen

Die preußische Gesellschaftsordnung (Seite 14)

Aufgabe:

a) Nummern: 4, 3, 8, 2, 7, 9, 1, 5, 10, 6

b)
1. Die Gesellschaftsordnung in Preußen war starr gegliedert.
2. Ganz oben in der Gesellschaftsordnung stand der jeweilige König mit seinem Umfeld.
3. Danach folgten die weiteren Adligen, die den Adelsstand bildeten.
4. Großbürger hatten unterhalb des Adelsstandes ihren Platz in der Gesellschaft.
5. Die genannten Gruppierungen waren insgesamt gesehen die Oberschichten in der Gesellschaft.
6. Zur nächsttieferen Gesellschaftsschicht zählten Bürger, Händler, Handwerker und freie Bauern.
7. Unten in der Gesellschaftsordnung befanden sich unfreie Bauern (Hörige und Leibeigene), Arbeiter, Dienstboten …
8. Hörige waren von Grundherren Abhängige, Leibeigene ganz im Besitz von Grundherren.
9. Sehr oft, ja fast immer war nach der Geburt durch die soziale Herkunft bestimmt, wer sein Leben später in welcher Gesellschaftsschicht führte.
10. Zu Aufstiegen in der Gesellschaft von unten nach oben kam es (sehr) selten.

Kultur, Bildung (Seite 16)

Aufgabe: **a) + b)** Individuelle Lösungen

Preußen im 19. Jahrhundert (bis 1815) (Seite 17)

Aufgabe:

a) 7,2,5,3,8,1,9,4,10,6

b)
1. In Europa waren die ersten mehr als 10 Jahre im 19. Jahrhundert geprägt durch das immer weitere Vordringen französischer Truppen unter der Führung von Napoleon I.
2. Auch Preußen gelang es nicht, dieses Vordringen zu stoppen.
3. Im Jahr 1806 unterlagen preußische Truppen denen von Napoleon I. in den Schlachten bei Jena und Auerstedt.
4. Daraufhin musste Preußen gemäß dem Friedensvertrag von Tilsit (1807) im Westen viele Gebiete abgeben.
5. Im Osten hatte Preußen hinzunehmen, dass mit dem Herzogtum Warschau ein Vasallenstaat Frankreichs entstand. (Vasallenstaat = ein Staat, der von einer Großmacht abhängig ist; vasallus (keltisch, lat.) = Abhängiger, Lehnsmann)
6. In den Befreiungskriegen (1813-1815) schafften es Preußen und andere europäische Staaten (Österreich, Russland …) vereint, sich von der napoleonischen Herrschaft zu befreien.
7. Auf dem Wiener Kongress (1814/1815) erlangte Preußen wieder seine Großmachtstellung.
8. Preußen bekam Gebiete im Rheinland, in Westfalen, Sachsen, Vorpommern und im Raum Posen zugesprochen.
9. Die Gebiete, die Preußen aufgrund der 2. Polnischen Teilung (1793) sowie der 3. Polnischen Teilung (1795) erlangt hatte, erhielt jetzt Russland.
10. Nach dem Wiener Kongress umfasste das Königreich Preußen eine Fläche von ca. 280.000 km² und hatte etwa 10,3 Millionen Einwohner.

Test 1 (Seite 18+19)

Aufgabe:

1. Wie ist die Bezeichnung Preußen zu erklären? → Bezeichnung Preußen = abgeleitet vom Namen Pruzzen (= Prußen), einem im Baltikum ansässigen Volk
2. Welcher Staat bestand von 1230-1561 in Nordosteuropa an der Ostseeküste? → der Deutsche Ordensstaat (= Staat des Deutschen Ordens)

Lösungen

Test 1 (Seite 18+19)

Aufgabe:

3. Welches Herrscherhaus erwarb um 1411/1417 das Kurfürstentum Brandenburg? → die fränkische Linie des Herrscherhauses Hohenzollern
4. Auf welche Weise gelangte das Herzogtum Preußen im Jahr 1618 in den Besitz des Kurfürsten von Brandenburg? → durch Erbschaft
5. Wozu krönte sich der brandenburgische Kurfürst Friedrich III. 1701 in Königsberg? → zum König Friedrich I. in Preußen
6. Unter welcher Bezeichnung ging der preußische König Friedrich Wilhelm I. in die Geschichte ein? → als „Soldatenkönig“
7. Was ist mit „Aufgeklärter Absolutismus“ unter dem preußischen König Friedrich II. gemeint? → Alleinherrschaft, jedoch Verwirklichung der 3 Menschenrechte: Recht auf Gleichheit vor dem Gesetz, Recht auf Glaubensfreiheit und Recht auf Bildung
8. Wodurch wurde Preußen in den Jahren 1772, 1793 und 1795 flächenmäßig erheblich größer? → aufgrund von drei jeweils in diesen Jahren vorgenommenen Teilungen Polens durch die Herrscher über Russland, Österreich und Preußen.
9. Wogegen unterlagen preußische Truppen im Jahr 1806? → gegen französische Truppen
10. Wovon befreite sich Preußen zusammen mit anderen europäischen Staaten im Zeitraum 1813-1815? → von der Herrschaft Napoleons I.

Reformen in Preußen (Seite 22)

Aufgabe: Individuelle Lösungen

Preußen im Deutschen Bund (Seite 24)

Aufgabe 1:

a) Richtige Aussagen: 2), 4), 6), 7), 10)

b)
1. Zur Auflösung des Heiligen Römischen Reiches Deutscher Nation kam es im Jahr 1806.
3. Ein lockerer Zusammenschluss von Einzelstaaten war der Deutsche Bund.
5. Zum Deutschen Bund gehörten u. a. die 4 freien Reichsstädte Hamburg, Lübeck, Bremen sowie Frankfurt/Main.
8. In einigen Einzelstaaten des Deutschen Bundes entstanden Verfassungen, in denen Volksvertretungen verankert waren.
9. In Preußen wurde Kritik am Staat nicht akzeptiert.

Aufgabe 2: Individuelle Lösungen

Die Deutsche Revolution 1848/1849 (Seite 27)

Aufgabe:

1. Ausgelöst in Frankreich entstand 1848 auch eine Revolution in Deutschland.
2. Deutsche Revolutionäre versuchten, das Ende der Unterdrückung des Volkes zu erreichen, Freiheit und Mitbestimmung (Demokratie) zu erlangen sowie einen deutschen Einheitsstaat zu schaffen.
3. Er versprach, sich für ein einheitliches deutsches Reich einzusetzen.
4. Die gewählten Vertreter der deutschen Nationalversammlung kamen in Frankfurt/Main zusammen.
5. In Berlin tagte ab Mai 1848 die preußische Nationalversammlung.
6. Der preußische König Friedrich Wilhelm IV. veranlasste die Auflösung der preußischen Nationalversammlung.
7. Der Kaiser sollte die oberste ausführende Gewalt innehaben, der Reichstag die oberste gesetzgebende Gewalt und das Reichsgericht die oberste richterliche Gewalt.
8. Die deutsche Nationalversammlung wählte den preußischen König Friedrich Wilhelm IV. zum deutschen Kaiser.

Lösungen

Die Deutsche Revolution 1848/1849 (Seite 27)

Aufgabe:

9. Er sah es nicht als standesgemäß an, von Volksvertretern der Nationalversammlung die Krone zu bekommen.
10. Die Revolution missglückte, wurde durch von Herrschenden eingesetzte Soldaten gewaltsam niedergeschlagen.

Die preußische Verfassung von 1850 (Seite 29)

Aufgabe: Individuelle Lösungen

Die Entwicklung von 1850-1866 (Seite 30)

Aufgabe: 1) Reich; 2) Bund; 3) Spannungen; 4) König; 5) Bruder; 6) Bismarck; 7) Schleswig; 8) Österreich; 9) Bruch; 10) Bruderkrieg; 11) Auflösung; 12) Hannover; 13) Frankfurt/Main; 14) Flächengröße

Der Werdegang von 1867-1870 (Seite 32)

Aufgabe: Individuelle Lösungen

Das preußische Militär (II) (Seite 34)

Aufgabe: Individuelle Lösungen

Preußen – (auch) ein Land der Kultur (Seite 35)

Aufgabe 1: **a)** Virchow, **b)** Langhans, **c)** Humboldt, **d)** Menzel, **e)** Eichendorff

Aufgabe 2: Individuelle Lösungen

Wirtschaft (Seite 37)

Aufgabe: **1)** Im; **2)** Ab; **3)** In; **4)** Auch; **5)** Um; **6)** Es; **7)** Zwischen; **8)** Danach; **9)** Das; **10)** Militärisch; **11)** Unter; **12)** Dem; **13)** Der; **14)** Bis; **15)** Verbunden

Preußische Symbole (= Erkennungszeichen) (Seite 38+39)

Aufgabe:

a) Reihenfolge der Satzenden: 6; 8; 2; 10; 4; 3; 9; 7; 1; 5

b)
1. Schwarz und Weiß bildeten traditionell die Landesfarben Preußens.
2. Diese lassen sich zurückführen auf die Farben im Wappen des Herrscherhauses Hohenzollern.
3. Zum preußischen Wappentier wurde der Adler.
4. Der Adler soll vom Reichsadler des Heiligen Römischen Reiches Deutscher Nation übernommen worden sein.
5. Zum preußischen Wappen besteht ein Wappenspruch.
6. Er heißt: „Suum cuique (lat.) = Jedem das Seine!“
7. Ebenfalls als ein preußisches Symbol gilt die „Pickelhaube“ (= Helm mit Spitze).
8. Auf Anordnung des preußischen Königs Friedrich Wilhelm IV. wurde der Helm mit Spitze 1843 als Kopfbedeckung für Soldaten eingeführt.
9. Die „Pickelhaube“ war dafür bestimmt, Schläge darauf abzulenken.
10. Lange Zeit trugen auch u. a. Polizisten und Zollbedienstete die „Pickelhaube“.

Lösungen

Geschichte live (18.01.1871) (Seite 40)

Aufgabe: Es war der 18. Januar 1871 – ein Mittwoch: Preußische und mit ihnen verbündete Truppen belagerten im Deutsch-Französischen Krieg die Hauptstadt Paris. Nicht weit von Paris entfernt – und zwar im und vor dem Spiegelsaal des Schlosses Versailles, das der französische Herrscher Ludwig XIV. (1638-1715) hatte erbauen lassen, versammelten sich fast 1400 Personen. Bei diesen Personen handelte es sich um ranghohe Vertreter deutscher Herrscherhäuser, viele Generäle und Offiziere des Militärs, hohe Amtsträger von Behörden ... Volksvertreter waren nicht dabei, auch keine Frauen. Im Spiegelsaal des Schlosses Versailles fand geleitet von einem Militärpastor zunächst ein Gottesdienst statt, der mit dem Singen des evangelischen Kirchenliedes „Nun danket alle Gott“ endete. Im Anschluss ergriff Otto von Bismarck das Wort, er verlas die Proklamation (= öffentliche Bekanntmachung) des preußischen Königs Wilhelm I. zum (deutschen) Kaiser. Später rief der Großherzog von Baden (Friedrich I.) laut aus: „Seine Kaiserliche und Königliche Majestät, Kaiser Wilhelm lebe hoch! Hoch! Hoch!“
Die direkt vor Ort Anwesenden ließen ebenfalls mehrmals durch Rufe den König und Kaiser Wilhelm I. hochleben. Dies taten auch die Soldaten, die außerhalb des Schlosses im Park Aufstellung genommen hatten. Die Kaiserproklamation erfolgte auf den Tag genau 170 Jahre nach der Proklamation des 1. preußischen Königs in Königsberg/Ostpreußen.

An das deutsche Volk! (Seite 41)

Aufgabe: **a) + b)** Individuelle Lösungen

Vom Norddeutschen Bund zum Deutschen Kaiserreich (Seite 43)

Aufgabe:

1. Diese 3 süddeutschen Staaten schlossen sich nachträglich dem Norddeutschen Bund an, aus dem das Deutsche Kaiserreich hervorging: das Großherzogtum Baden, das Königreich Württemberg und das Königreich Bayern
2. Er erhielt Geldzahlungen durch Bismarck zugesichert: der bayerische König Ludwig II.
3. Seit jenem Tag existierte das Deutsche Kaiserreich offiziell: 01.01.1871
4. Das wurde Bismarck im Deutschen Kaiserreich: Reichskanzler
5. In dieser Stadt wurde 1871 der Friedensvertrag zwischen Deutschland und Frankreich unterzeichnet: Frankfurt/Main
6. Frankreich musste aufgrund des verlorenen Krieges dieses Gebiet an Deutschland abgeben: Elsass-Lothringen
7. Als was hatte Frankreich an Deutschland 5 Milliarden Francs zu zahlen: (als) Kriegsentschädigung
8. Aus so vielen Bundesstaaten bestand das Deutsche Kaiserreich ab 1871: 25
9. Davon gab es im Deutschen Kaiserreich vier: Königreiche (Preußen, Württemberg, Bayern, Sachsen)
10. Etwa so viel Prozent betrug der Anteil der Fläche des Königreiches Preußen an der Gesamtfläche des Deutschen Kaiserreiches: über 64%

    (Berechnung: $\frac{348.700}{540.800} \cdot 100 = 64{,}48\ \%$)

Preußen und das Deutsche Kaiserreich (Seite 46)

Aufgabe: Individuelle Lösungen

Lösungen

Test 2 (Seite 47+48)

Aufgabe:

1. Nenne 2 Beispiele für preußische Reformen ab 1807. →
- z. B. Aufhebung der Leibeigenschaft und Gutsherrnuntertänigkeit von Bauern;
- Einführung der Gewerbefreiheit;
- rechtliche Gleichstellung für Juden;
- Verbesserung der Lehrerausbildung

2. Der 1815 gegründete Deutsche Bund – was war das? → ein lockerer Zusammenschluss von zeitweise bis zu 39 Einzelstaaten (darunter Preußen und Österreich)

3. Führe 2 wesentliche Zielsetzungen der Deutschen Revolutionäre von 1848/1849 an.
- Beendigung der Unterdrückung des Volkes;
- Streben nach Freiheit und Mitbestimmung (Demokratie);
- Schaffung eines deutschen Einheitsstaates

4. Welches Angebot lehnte der preußische König Friedrich Wilhelm IV. im April 1849 ab? die von einer Abordnung der deutschen Nationalversammlung angebotene Kaiserkrone

5. Inwiefern war die preußische Verfassung von 1850 eine Verfassung „von oben“? → Die Verfassung von 1850 war aufgezwungen von der Führung des Staates Preußen, ging nicht aus dem Willen des Volkes hervor.

6. Was wurde Bismarck 1862 in Preußen? → preußischer Ministerpräsident und Außenminister

7. Welche Kriege fanden 1864, 1866 bzw. 1870/1871 statt? →
- 1864: Deutsch-Dänischer Krieg;
- 1866: Krieg zwischen Preußen und Österreich;
- 1870/1871: Deutsch-Französischer Krieg

8. Wer war gemäß der Verfassung von 1871 die mächtigste Person in Deutschland, wer die zweitmächtigste Person? →
- mächtigste Person = Deutscher Kaiser (Wilhelm I.);
- zweitmächtigste Person = Reichskanzler (Bismarck)

9. Welche Personen bekamen ab 1871 in Deutschland das Recht, die Abgeordneten des Reichstages zu wählen? → Männer ab dem Alter von 25 Jahren

10. Welche 3 Farben wies die Flagge des im Jahr 1871 gegründeten Deutschen Kaiserreiches auf? → Schwarz, Weiß und Rot
(Schwarz und Weiß = Farben Preußens; Rot = Farbe der 3 Hansestädte Hamburg, Bremen und Lübeck)

1871-1890 (Seite 49+50)

Aufgabe 1: Das Deutsche Kaiserreich war ein Obrigkeitsstaat, da die Staatsführung mit dem Kaiser an der Spitze laut Verfassung nicht absetzbar war. Die Staatsführung konnte nicht vom Volk abgewählt werden.

Aufgabe 2: **a) + b)** Individuelle Lösungen

1891-1911 (Seite 51)

Aufgabe: 1. bestimmte; 2. betrieb; 3. hielt; 4. pflegte; 5. legte; 6. erweitert; 7. nahm; 8. stieg; 9. schritt; 10. entwickelte

Lösungen

1912-1918 (Seite 52)

Aufgabe: **a)** Nummern vor den Sätzen: 9; 5; 2; 10; 1; 6; 3; 8; 4; 7

b)
1. Vor allem bedingt durch nationalistisches Denken und imperialistische Interessen nahmen nach der Jahrhundertwende die Spannungen zwischen Staaten noch weiter zu.
2. Deutschland wie auch andere Staaten (Russland, Frankreich, Großbritannien, Österreich-Ungarn ...) rüsteten mehr und mehr auf.
3. Im Gegensatz zum Bündnissystem von Bismarck war Frankreich nun nicht mehr isoliert, sondern inzwischen mit Russland und Großbritannien verbündet.
4. Dagegen stand Deutschland fest auf der Seite von Österreich-Ungarn und garantierte der Doppelmonarchie die Unterstützung.
5. Ende Juli 1914 brach der 1. Weltkrieg aus, der mit der Kriegserklärung von Österreich-Ungarn an Serbien begann.
6. Auslöser für den 1. Weltkrieg war die Ermordung des österreichischen Thronfolgers Franz Ferdinand und seiner Ehefrau Sophie durch einen Attentäter – höchstwahrscheinlich im Auftrag einer serbischen Untergrundorganisation.
7. Im 1. Weltkrieg (1914-1918) kämpften die Mittelmächte (Deutschland, Österreich-Ungarn, Türkei, Bulgarien) gegen die Alliierten (= Ententemächte): Frankreich, Russland, Großbritannien, Japan, Italien ...
8. Im Jahr 1917 traten die USA auf der Seite der Alliierten in den 1. Weltkrieg ein.
9. Der Krieg endete 1918 mit dem Sieg der Alliierten.
10. Nach Ausbruch der Novemberrevolution 1918 in Deutschland wurde Wilhelm II. gezwungen, als deutscher Kaiser und preußischer König abzudanken.

Die Könige Preußens (Seite 54)

Aufgabe: Individuelle Lösungen, wie z. B.:

- Die preußischen Könige trugen den Namen Friedrich, Friedrich Wilhelm oder Wilhelm;
- ...

Gebietsverluste Deutschlands nach dem 1. Weltkrieg (Seite 55)

Aufgabe: **a)** ca. 13,5 %

b) ca. 15,7 %

Die Weimarer Republik (1919-1933) (Seite 57)

Aufgabe: Individuelle Lösungen

Preußen in der Weimarer Republik (1919-1933) (Seite 58)

Aufgabe: Individuelle Lösungen

Vier deutsche Staatsoberhäupter – Propaganda der NSDAP (Seite 59)

Aufgabe 1:

- der König = Friedrich II., der König von Preußen, 1712-1786;
- der Fürst = von Bismarck, der deutsche Reichskanzler und preußische Ministerpräsident, 1815-1898;
- der Feldmarschall = von Hindenburg, der Generalfeldmarschall und deutsche Reichspräsident, 1847-1934;
- der Soldat = Hitler, der Nationalsozialist und deutsche Reichskanzler, 1889-1945

Lösungen

Vier deutsche Staatsoberhäupter – Propaganda der NSDAP (Seite 59)

Aufgabe 2:

a) Die Postkarte soll als Propaganda für die Nationalsozialisten dienen. Der Nationalsozialist Hitler wird hingestellt in der Nachfolge von Friedrich II., Bismarck und Hindenburg. Der Eindruck soll erweckt werden, Hitler vollende das Geschaffene der 3 preußischen „Vorbilder".

b) Individuelle Lösungen

Deutschland 1933-1945 (Seite 60)

Aufgabe: Individuelle Lösungen

Deutschland nach dem 2. Weltkrieg und das endgültige Ende Preußens (Seite 61)

Aufgabe: Satzenden: **1.** verloren; **2.** abtreten; **3.** Besatzungszone; **4.** getrennt; **5.** aus; **6.** gelten; **7.** beschloss; **8.** aufgehört; **9.** Gesetz; **10.** aufgelöst

Preußen und Nationalsozialismus – Meinungen (Seite 63)

Aufgabe: Individuelle Lösungen

Zeittafel zur Geschichte Preußens (I) (Seite 64)

Aufgabe:

um 1415	Erwerb des Kurfürstentums Brandenburg durch die fränkische Linie der Hohenzollern
1525	Gründung des Herzogtums Preußen durch Albrecht von Preußen
1618	Übergang des Herzogtums Preußen durch Erbschaft in den Besitz des brandenburgischen Kurfürsten
1640-1688	Regierungsdauer des Kurfürsten Friedrich Wilhelm von Brandenburg (= Großer Kurfürst)
1701	Selbstkrönung des brandenburgischen Kurfürsten Friedrich III. zum König Friedrich I. in Preußen
1713-1740	Regierungszeit des preußischen Königs Friedrich Wilhelm I. (= „Soldatenkönig")
1740-1786	Herrschaftsdauer des preußischen Königs Friedrich II. (= Friedrich der Große)
1772, 1793, 1795	Große Gebietserweiterungen Preußen aufgrund der 3 Teilungen Polens
1806	Niederlage Preußens gegen Frankreich unter Napoleon I.
1813-1815	Befreiungskriege gegen die napoleonische Herrschaft
ab 1815	Mitgliedschaft Preußens im gegründeten Deutschen Bund
1848/1849	Deutsche Revolution

Lösungen

Zeittafel zur Geschichte Preußens (II) (Seite 65)

Aufgabe:

1862	Ernennung Bismarcks zum preußischen Ministerpräsidenten und Außenminister
1864	Deutsch-Dänischer Krieg
1867	Entstehung des Norddeutschen Bundes nach dem Sieg Preußens über Österreich
1870/1871	Deutsch-Französischer Krieg und Gründung des Deutschen Kaiserreiches
1888	Drei-Kaiser-Jahr
1890	Erzwungener Rücktritt Bismarcks durch Kaiser Wilhelm II.
1914-1918	Erster Weltkrieg
1919-1933	Weimarer Republik
1920	Schaffung einer demokratischen Verfassung in Preußen
1933	Beginn der nationalsozialistischen Herrschaft
1945	Ende der nationalsozialistischen Herrschaft sowie des 2. Weltkrieges
1947	Auflösung Preußens durch den Alliierten Kontrollrat

Preußische Tugenden (= Werte) (Seite 66)

Aufgabe: **a) + b)** Individuelle Lösungen

Vorkommen der Bezeichnung „Preußen" in der heutigen Zeit (Seite 67)

Aufgabe: Individuelle Lösungen wie z. B.:
- in der Farbbezeichnung „Preußischblau";
- in der geographischen Bezeichnung „Preußischer Höhenrücken";
- im Begriff „preußische Tugenden"

Präsentation (Seite 68)

Aufgabe: Individuelle Lösungen

Test 3 (Seite 69+70)

Aufgabe:

1. Nenne 2 Staaten, mit denen Deutschland unter dem Reichskanzler Bismarck verbündet war. Österreich-Ungarn, Russland, Italien, Rumänien
2. Welche 3 Sozialgesetze wurden in den achtziger Jahren des 19. Jahrhunderts in Deutschland eingeführt?
   - Krankenversicherung (1883),
   - Unfallversicherung (1884),
   - Alters- und Invalidenversicherung (1889)
3. Welche Zielvorstellung hatte Kaiser Wilhelm II. in Bezug auf Deutschland? Deutschland müsse noch mächtiger, eine Weltmacht werden.
4. Wozu wurde der deutsche Kaiser und preußische König Wilhelm II. im November 1918 gezwungen? zur „Abdankung" (= Rücktritt)

GESCHICHTE PREUSSENS
Klar strukturierte Arbeitsblätter für einen informativen Überblick – Bestell-Nr. 13 039

Lösungen

Test 3 (Seite 69+70)

Aufgabe:

5. Nach welchem Wahlrecht wurden in Preußen bis 1918 die Vertreter für das Abgeordnetenhaus gewählt? → nach dem Dreiklassenwahlrecht, wonach die Wahlberechtigten in 3 Einkommensklassen (= Steuerklassen) eingeteilt waren

6. Was wurde aus dem Königreich Preußen nach dem 1. Weltkrieg? → der Freistaat Preußen in der Weimarer Republik

7. Wer stand in Deutschland in der Zeit der Weimarer Republik an der Spitze des Staates, war Staatsoberhaupt? → der jeweilige Reichspräsident (z. B. Ebert bis zum Jahr 1925, danach von Hindenburg)

8. Was geschah im Juli 1932 mit der preußischen Landesregierung unter dem Ministerpräsidenten Braun (SPD)? → Die preußische Landesregierung unter dem Ministerpräsidenten Braun (SPD) wurde vom Reichskanzler von Papen mit Hilfe einer Notverordnung des Reichspräsidenten von Hindenburg abgesetzt.

9. Wie kam es 1947 zur endgültigen Auflösung des Staates Preußen? → Der Alliierte Kontrollrat der 4 Besatzungsmächte in Deutschland erließ ein Gesetz zur endgültigen Auflösung des Staates Preußen.

10. Führe 2 Beispiele an, wo die Bezeichnung Preußen heutzutage noch vorkommt. → Vorkommen der Bezeichnung Preußen in Namen von Sportvereinen/Fußballvereinen, Orten, Heimatvertriebenen-Verbänden, Zeitungen …